Otto von Frisch

Der Beo

Experten-Rat für Anschaffung, Eingewöhnung, Ernährung
und Gesunderhaltung
Sonderteil: Beos verstehen lernen

Mit Farbfotos von Konrad Wothe und
anderen Tierfotografen sowie Zeichnungen
von Fritz W. Köhler

GU GRÄFE
UND
UNZER

Inhalt

Inhalt

Ein Wort zuvor

Als junger Student verbrachte ich ein Jahr in Amerika. Dort lud mich eines Abends ein Professor ein, dessen Spezialgebiet die Ornithologie, die Vogelkunde, war. Ich kam ziemlich spät, und nachdem mich der Gastgeber seiner Frau vorgestellt und mich mit den drei Kindern bekannt gemacht hatte, setzten wir uns gleich an den Abendbrottisch. Es gab viel zu erzählen, und ich meinte auch, die ganze Familie sei um den Tisch versammelt. Aber dann hörte ich im angrenzenden Wohnzimmer ab und zu jemanden sprechen. Zunächst horchte ich nicht so genau hin, schließlich wunderte ich mich aber doch, denn es schienen dort mehrere Personen versammelt zu sein. Jedenfalls erklangen verschiedene Stimmen aus dem Nebenraum. Nun war ich vollends verwirrt, denn plötzlich sagte eine weibliche Stimme im Wohnzimmer: »Good morning, Mister Emlen!«. Es war aber spät am Abend. Mister Emlen, der Gastgeber, mußte mein Erstaunen bemerkt haben, denn er sah kurz auf und sagte: »Das ist nur unser Beo, er redet immer so viel, bevor er schlafen geht!« Nun hielt es mich nicht länger auf meinem Stuhl. Natürlich hatte ich schon von den Beos gehört, die so gut sprechen sollten, daß sie sogar Papageien übertreffen. Aber gesehen und erlebt hatte ich noch keinen. Wir gingen in das Nebenzimmer, und da saß in einem geräumigen Käfig ein stattlicher Beo. Als er Gesellschaft bekam, vielleicht auch angeregt durch mein ihm neues Gesicht, begann er erst richtig »loszulegen«. Ich kann mich heute nur noch daran erinnern, daß er unter vielen anderen Worten und Sätzen mit der Stimme des Hausherrn in besorgtem Tonfall sagte: » I think a storm is comming tomorrow«, (»Ich glaube, daß es morgen Sturm geben wird«) und gleich darauf mit der Stimme der Hausfrau: »Good morning darling, coffee is ready.« (»Guten Morgen, Liebling, der Kaffee ist fertig.«)

Dieser Beo verfügte über ein enormes Repertoire, und er brachte alles in den unterschiedlichen Stimmlagen der Hausbewohner hervor. Als er schließlich müde wurde, hüpfte er auf den Käfigboden, hob dort mit dem Schnabel einen Zipfel des Zeitungspapiers hoch, schlüpfte darunter und fing an zu bellen. Dann schien er eingeschlafen zu sein und gab Ruhe. Ich aber war tief beeindruckt, und der Wunsch nach einem eigenen Beo ließ mich von diesem Abend an nicht mehr los. Es sollte aber noch fast zwanzig Jahre dauern, bis dieser Wunsch in Erfüllung ging. Erst dann war es so weit, daß ich ein eigenes Haus hatte und einen Garten, beides weiträumig genug, um verschiedenem »Getier« Unterkunft zu geben; und erst dann hatte ich jemanden gefunden, der mir einen garantiert nestjungen Beo verschaffen konnte. Dies ist nämlich, um es gleich zu betonen, eine wesentliche Voraussetzung dafür, daß diese Vögel handzahm werden und wirklich gut nachahmen. Von diesem Beo, der auf den Namen Peter hörte und zwölf Jahre lebte, wird hier noch mehrmals die Rede sein. Zunächst wollen wir uns aber einmal ansehen, wo die Beos eigentlich herkommen und wie sie im Freiland in ihrer Heimat leben.

Otto von Frisch

Woher die Beos kommen

Die Ursprungsländer

Der Kleine Beo kommt auf Ceylon und in Südwest-Indien vor und zwar nördlich bis zum 17. Breitengrad. Der Große Beo hat ein recht weites Verbreitungsgebiet: Man findet ihn in Teilen Ostindiens und des Himalajagebietes von Kumaon bis Südchina einschließlich Hainan, von Hinterindien bis Malaya, Andamanen, Nicobaren, Sumatra, Borneo, Java und auf den kleinen Inseln in diesem Bereich, Palawan, Bali, Sumbawe, Flores, Pantar und den Kleinen Sundainseln. Eingebürgert wurde er auf der Weihnachtsinsel im Indischen Ozean und auf Oahu (Hawaii).
Die Verbreitung der Dschungelatzel, auch Ceylon-Beo genannt, ist auf die Insel Ceylon beschränkt.

Wie kommt der Beo zu uns?

Die Beos, die zu uns gelangen, haben meist einen ziemlich weiten und umständlichen Reiseweg hinter sich. Es sind fast ausschließlich Jungbeos, die von den Einheimischen aus dem Nest genommen und mit einem Gemisch aus gekochtem Reis und etwas Hackfleisch hochgepäppelt werden. Dann treten die Vögel die Reise per Auto nach Thailand und von dort aus zum Händler in Bangkok an. Diese Händler pflegen die Vögel so lange, bis ihr Gefieder einwandfrei herangewachsen ist, und füttern sie mit einem speziellen Beofutter, das aus Japan importiert werden muß. Dieses Futter wird angeblich zusätzlich mit Vitaminen angereichert.
Von Bangkok aus werden die Beos per Luftfracht in einem Direktflug nach Europa gebracht.

Der Exporteur setzt sich vor dem Versand mit dem Importeur telefonisch oder telegrafisch in Verbindung, um ihn über die genaue Ankunftszeit der Beos zu informieren. Dies ist natürlich besonders bei jungen und zahmen Beos wichtig, die noch gefüttert werden müssen, damit längere Hungerzeiten vermieden werden.
Vom Importeur in Europa gelangen die Tiere schließlich in den Einzelhandel, wo sie warten müssen, bis sich ein Käufer für sie findet.
So schön dies alles auf dem Papier klingt, für die Vögel ist diese lange Reise eine Qual; man kann sich unschwer eine Vorstellung von dem Streß machen, den sie zu erdulden haben: Immer wieder neue Gesichter, immer wieder neue Behälter, Klimawechsel und unterschiedliche Nahrung. Helligkeit und Dunkelheit zu ungewohnten Stunden und mit Sicherheit auch nicht immer die liebevollste und schonendste Behandlung. Kein Wunder, wenn man dann so manchen Beo in den Zoogeschäften entdeckt, der mehr einem todesnahen Häuflein Elend gleicht als einem munteren Starenvogel.
Wie von der Wild- und Naturschutz-Gesellschaft in Sri Lanka (= Ceylon) zu erfahren war, ist dort der Export von Beos jetzt verboten, da die Vögel zu den geschützten Arten zählen. Früher wurden sie auch hier mit Ködern oder feinen Netzen gefangen beziehungsweise als Jungvögel den Nestern entnommen.

Zu welcher Familie – Gattung – gehört der Beo?

Die Beos – sie werden auch Atzeln genannt – gehören zur Familie der Stare (*Sturnidae*).

Hierzu zählt auch unter anderen unser heimischer allbekannter Star (*Sturnus vulgaris*). Stare sind meist kleine bis mittelgroße Vögel, deren Schwanz recht kurz ist und die am Boden gehend einen schreitenden oder watschelnden Gang haben.

Innerhalb der Starenfamilie gibt es die Gattungsgruppe der Atzeln mit zwölf Arten. Die Hügelatzeln, zu denen der nach Europa eingeführte Beo gehört, tragen immer mehr oder weniger ausgeprägte gelbe Hautlappen am Kopf, nur dem Ceylon-Beo (*Gracula ptilogenys*) fehlen sie. Der Beo (*Gracula religiosa*) kommt von Ceylon bis Hainan in elf Unterarten oder Rassen vor.

Auf Ceylon gibt es zwei Beo-Arten: den Großen Beo und den Ceylon-Beo (*Gracula ptilogenys*). Der Große Beo ist nicht selten und hält sich auch in der Nähe menschlicher Siedlungen und sogar in Städten auf, soweit hohe Bäume und Parkanlagen vorhanden sind. Der Ceylon-Beo dagegen lebt in der stark bewaldeten Hügelregion in Höhen von etwa 300 bis 2000 Meter. Er ist schwer zu zähmen und scheut die Nähe des Menschen.

Beide Arten nisten in Höhlen, die in einer Höhe zwischen 7 und 10 Metern liegen. Gelege findet man sowohl von Februar bis März als auch von Juni bis August.

Kleiner Beo – Mittelbeo – Großer Beo

Importiert werden vor allem drei Rassen: der Kleine Beo (*Gracula religiosa indica*), der Mittelbeo (*Gracula religiosa intermedia*) und der Große Beo (*Gracula religiosa religiosa*), wobei noch nicht endgültig entschieden ist, ob der Mittelbeo wirklich eine eigene Rasse darstellt.

Kleiner Beo (oben), Mittelbeo (Mitte) und Großer Beo (unten) – diese drei Rassen unterscheiden sich in der Körpergröße, aber auch in der Kopfzeichnung voneinander.

Diese drei Rassen unterscheiden sich hauptsächlich in den Körpermaßen. Der Kleine Beo mißt 24–26 cm, der Mittelbeo 26–27,5 cm und der Große Beo bis 30 cm. Mittel- und Großer Beo besitzen auch gegenüber dem kleinen Verwandten einen kräftigeren Schnabel und kräftigere Beine. Die Schnabelfärbung geht bei ihnen mehr ins Orangerote, und die nackten gelben Hautstellen und Ohrlappen am Kopf sind stärker ausgebildet.

Einige Arten aus der Beo-Verwandtschaft

Pagodenstar *(Sturnus pagodarum)*. Größe: 20 cm. Vorkommen: Indien und Ceylon. Haltung: In größeren Zimmerkäfigen oder Freivolieren. Winterhart nach Eingewöhnung. Paare sollten alleine gehalten, Einzelvögel können mit anderen Vögeln vergesellschaftet werden. Nahrung: Weichfresserfutter; kleingeschnittenes Obst und Insekten, Beeren, eingeweichte Rosinen, Magerquark, fettfreies Fleisch.

Graukopfstar *(Sturnus malabaricus)*. Größe: 20 cm. Vorkommen: Indien und Himalaja. Haltung: In größeren Käfigen und Volieren. Nicht sehr verträglich gegenüber anderen kleinen Arten. Kann im Freien überwintern, wenn ein Schutzraum vorhanden ist. Nahrung: Weichfresserfutter; viel Obst und Beeren, Insekten.

Dreifarbglanzstar *(Spreo superbus)*. Größe: 20 cm. Vorkommen: Ostafrika. Haltung: In Volieren mit dichterer Bepflanzung. Winterhart bei Schutz vor Regen und Zug. Einzelvögel lassen sich mit anderen Arten vergesellschaften, ein Paar wird besser für sich gehalten. Während der Brutzeit sehr angriffslustig. Nahrung: Weichfresserfutter; kleingeschnittenes Obst, Beeren, Insekten.

Purpurglanzstar *(Lamprotornis purpureus)*. Größe: 23 cm. Vorkommen: West- und Zentralafrika. Haltung: Bei guter Eingewöhnung winterhart. In größeren Volieren. Braucht viel Platz. Angriffslustig gegenüber kleineren Arten. Nahrung: Hauptsächlich kleingeschnittenes Obst, Insekten, Beeren.

◁ Beos sind sehr gute
Flieger, außerdem
können sie den Kopf
um 180 Grad drehen.

Überlegungen vor der Anschaffung

Grundsätzliche Fragen

Ihre Entscheidung, sich einen Beo ins Haus zu nehmen, sollte in erster Linie von der Beantwortung folgender Fragen abhängen:
• Kann ich mich genügend um den Vogel kümmern und ihm häufig Gesellschaft leisten?
• Kann ich ihm einen ausreichend großen Käfig oder eine Voliere bieten; ist in meiner Wohnung dafür Platz?
• Wird mich der Beo mit seiner oft lauten Stimme auf die Dauer nicht stören, und bin ich bereit, auch sonst manche Unbill wie Verschmutzungen durch Kot und herumgeschleudertes Futter in Kauf zu nehmen?
• Ist sichergestellt, daß kein Familienmitglied allergisch gegen Gefieder ist?
Wenn Sie alle Fragen mit ja beantworten können, mögen Sie sich einen Beo zulegen.

Beos sind gesellige Vögel

Der Beo ist von Natur aus ein geselliger Vogel. Es gibt auch andere Vogelarten, die – zumindest außerhalb der Fortpflanzungszeit – für Artgenossen wenig übrig haben und die meiste Zeit ihres Daseins alleine verbringen. Solche ungeselligen Vertreter der Vogelwelt leiden dann auch in Gefangenschaft nicht darunter, sich oft allein vergnügen zu müssen. Für gesellige Arten aber (zu ihnen gehören auch Sittiche und Papageien) bedeutet ein andauerndes Alleinesitzen, und das womöglich auch noch in einem kleinen Käfig, eine schwere Beeinträchtigung ihres Daseins. Nicht nur, daß Zahmheit und Zutrauen zum Pfleger gar nicht erst aufkommen, die Vögel kümmern auch. Sie *brauchen* Gesellschaft und »Ansprache«.

Das heißt nun nicht, daß Sie den ganzen Tag um Ihren Beo herum sein müssen, um ihm ständig Gesellschaft zu leisten. Es genügt ihm vollauf, wenn er Sie in der Nähe – eventuell in einem anderen Raum der Wohnung – weiß und Sie ab und an zu Gesicht bekommt. Sie können ihn auch einmal für kurze Zeit alleine lassen. Nur: Wenn Sie regelmäßig frühmorgens aus der Wohnung gehen und erst am Abend wieder nach Hause kommen, wenn Sie an jedem Wochenende fortfahren, wenn Sie Ihren Beo dann noch während Ihres Urlaubs einem »Ersatzpfleger« überlassen wollen – dann verzichten Sie lieber auf den Kauf dieses Vogels.

Männchen oder Weibchen?

Die Frage nach dem Geschlecht kann leider kaum beantwortet werden, denn bei den Staren gleichen sich in der Regel Männchen und Weibchen vollkommen. Die Unterscheidung der Geschlechter in ihrem Äußeren wie in ihren sonstigen Anlagen macht daher auch beim Beo sehr große Schwierigkeiten. Da aber außerdem das Züchten der Beos in Gefangenschaft bisher fast nie gelang, ist die Frage – Männchen oder Weibchen – unerheblich.

Ein Beo braucht viel Platz . . .

Beos sind nicht nur gesellige Vögel, sie sind auch äußerst munter und bewegungsfreudig. Sie hüpfen, schreiten und fliegen gerne. Das heißt: sie brauchen ausreichend Platz, um sich wohlfühlen zu können und um nicht binnen kurzer Zeit gar an Verfettung zu sterben. Den täglichen Freiflug im Zimmer sollten Sie daher Ihrem Beo schon ermöglichen können.

Da aber der Freiflug in der Wohnung so allerlei Gefahren für den Vogel in sich birgt (→Seite 26) und es dabei auch Schmutz gibt, wird Ihr Beo sich häufig in seiner Behausung befinden. Als solche sollten Sie ihm mindestens einen speziellen Beokäfig anbieten können; er muß etwa so groß sein wie der Käfig für einen großen Papagei, allerdings nicht so hoch, dafür länger und tiefer. Sie dürfen ihn also keinesfalls in einen Kanarienkäfig oder ein anderes kleines Bauer sperren. Selbst der Beokäfig bietet eben auch nur das Mindestmaß an Bewegungsfreiheit für ihn. Weit besser noch ist eine Voliere, in der der Vogel fliegen kann. Da Sie für den großen Käfig oder die Voliere einen geeigneten Platz brauchen, sehen Sie sich also zuerst einmal zu Hause um und bedenken diesen Gesichtspunkt.

. . . und kann sehr lautstark kreischen

Beos sind nicht nur gesellig und bewegungsfreudig, sie sind auch sehr laut. Wie die meisten Vögel stehen sie mit der Sonne auf oder sogar noch früher, und sie schlafen erst, wenn es draußen dunkel wird oder Sie das Licht abschalten. Im Sommerhalbjahr ist das recht früh beziehungsweise spät. Und Beos werden besonders am Abend vor dem Schlafengehen lautstark und ruffreudig (→Seite 65). Da kann es nun leicht sein, daß Ihnen Ihr Beo sehr auf die Nerven fällt mit seinen gutgemeinten Abendgrüßen, oder daß Sie am Morgen noch gar nicht zum Aufstehen bereit sind, wenn der Beo schon putzmunter ist. Dies alles ist in einem geräumigen Haus kein Problem. Da läßt sich bestimmt ein Platz finden, an dem der Beo schreien kann so früh oder so spät er mag, ohne daß er schlaf- oder ruhestörend wird. Aber in einer kleinen Wohnung können die lauten Vogelrufe zum Problem werden. Selbst wenn Sie sich dadurch nicht gestört fühlen – Ihre Nachbarn könnten anderer Meinung sein. Die modernen Wohnungen mit ihren meist dünnen Wänden sind sehr hellhörig; Sie könnten Unannehmlichkeiten mit Nachbarn, dem Hauswirt und sogar mit der Polizei bekommen. Beziehen Sie daher bei der Beantwortung der dritten Frage Ihre Umgebung in Ihre Überlegungen mit ein.

Weichfresser machen viel Schmutz

Als Weichfresser, zu denen die Beos zählen, bezeichnet man solche Vogelarten, die sich hauptsächlich von Früchten und/oder Insekten ernähren. Ihnen stehen die Körnerfresser gegenüber, die sich hauptsächlich den Inhalt von verschiedenen Sämereien einverleiben. Zu letzteren zählen zum Beispiel die Sittiche und Papageien oder die vielen Arten der Finken und Prachtfinken. Ein Kanarienvogel etwa oder ein Wellensittich zerknabbert seine Hirse- und Sonnenblumenkerne an Ort und Stelle. Die leeren Schalenhülsen fallen zu Boden, der Inhalt wird verspeist. Die unverdaulichen Nahrungsreste, die als Kot wieder abgegeben werden, sind bei den meisten Körnerfressern kleine Bätzchen von dickbreiiger Konsistenz. Weichfresser, besonders Fruchtfresser, zeichnen sich dagegen oft durch eine recht großzügige, um nicht zu sagen schlampige und verschwenderische Art der Nahrungsaufnahme aus. Das mag daran liegen, daß dort, wo sie in der freien Natur leben, Früchte fast immer in reichlichem Maße vorhanden sind. Ob eine Feige also nur halb oder ganz gefressen wird, spielt keine Rolle; es ist ja genügend da. Fruchtnahrung passiert den Magen-Darm-Trakt der Vögel noch schneller als andere Nahrung, und sie enthält viel Wasser. Entsprechend ist dann auch die Konsistenz des Kotes. Beos koten in der Regel dünnbreiig, außerdem sind sie schlampige Fresser. Das Sauberhalten ist daher recht mühsam. Der Käfig und seine Umgebung bedürfen eigentlich täglich gründlicher Reinigung; und wenn der Beo Zimmerfreiflug hat, dann muß meist der ganze Raum gesäubert werden.

Prüfen Sie also bei der Beantwortung der dritten Frage nicht nur, ob Sie mit der Stimm-Lautstärke eines Beos leben können, sondern auch, ob Sie gewillt sind, die anfallende Mehrarbeit zu übernehmen.

Was sonst noch zu bedenken ist

Obwohl ich Ihnen nicht gleich von vornherein die Freude an Ihrem »Wunsch-Beo« nehmen möchte, will ich hier noch einige Punkte erläutern, die es vor dem Kauf dieses Vogels zu bedenken gilt. Aber es ist sicher besser, wenn Sie nach reiflicher Überlegung auf den Kauf verzichten, als nach der Anschaffung vor dem Problem zu stehen, wie Sie den Vogel wieder loswerden, da Sie ihn doch nicht behalten können.

Sie sollten wissen, daß der Beo während Ihres Urlaubs gut versorgt werden muß (→Seite 35), falls Sie ihn nicht mitnehmen können. Sie sollten wissen, daß ein Beo zwölf, fünfzehn, ja bis zu achtzehn Jahre alt werden kann und Sie mit ihm daher lange

verbunden sein werden. Sie sollten wissen, daß ein Beo sich nicht unbedingt mit kleineren Vogelarten verträgt, falls Sie ihn in einer Gemeinschaftsvoliere halten möchten (→Seite 35). Und schließlich sollten Sie wissen, daß durchaus nicht jeder Beo ein Meister im Nachahmen ist oder wird (→Seite 51). Es ist immerhin möglich, daß ausgerechnet Ihr Beo kein einziges Wort in seinem Leben sagen mag, daß er nur seine angeborenen arteigenen Laute von sich gibt. Das ist bei Papageien nicht anders. Trotzdem können solche Vögel liebenswerte und anhängliche Hausgenossen sein.

Wichtige Tips für den Beo-Kauf

Nun wissen Sie schon einiges über Beos und können, wenn Sie immer noch gewillt sind, einen solchen Vogel als Hausgenossen zu besitzen, an dessen Beschaffung gehen. Im Zoofachhandel, heute auch schon in der Zoofachabteilung großer Warenhäuser, werden Beos laufend angeboten.

Sind Alter, Eigenschaften und Gesundheit erkennbar?

Auf drei Gegebenheiten, die sich nicht ändern lassen, möchte ich Sie als erstes aufmerksam machen:
- Niemand kann Ihnen garantieren, daß der Beo, den Sie kaufen, ein guter Nachahmer ist oder wird.
- Es ist sehr schwer, einen jungen Vogel von einem älteren zu unterscheiden.
- Es gibt keine Garantie dafür, daß der Vogel kerngesund ist.

Zum ersten Punkt: Es wird sich erst mit der Zeit herausstellen, ob Sie einen guten Nach-

Überlegungen vor der Anschaffung

ahmer erwischt haben oder nicht. Wenn der Beo natürlich schon vor dem Kauf ein gewisses Repertoire an Worten, Sätzen und Lauten besitzt, ist es um so besser. Meist ist das aber nicht der Fall. Ein Beo, der bereits etwas sprechen kann, ist natürlich teurer oder er wird gar nicht verkauft.

Zum zweiten Punkt: Am besten für ein gutes »Zusammenleben« ist es natürlich, wenn Sie sich einen noch jungen Vogel anschaffen. Ob ein junger Beo noch kein halbes Jahr alt ist, erkennen Sie in der Regel daran, daß er noch nicht richtig flugfähig ist, das heißt, daß seine Flügel- und Schwanzfedern noch nicht in voller Länge herangewachsen sind, und daß er den Schnabel aufsperrt, um zu betteln. Er ist dann allerdings sehr jung, praktisch noch ein Nestling. Bereits flugfähige Beos, die noch jünger als ein halbes Jahr sind, zeigen im Gefieder noch nicht den stahlblau oder violett schimmernden Glanz älterer Vögel. Dieser stellt sich erst nach der ersten Mauser mit den neuen Federn ein. Jungvögel besitzen ein mehr aschfales oder stumpfschwarzes Gefieder. Nach der ersten Mauser ist allerdings nicht mehr feststellbar, ob der Beo ein Jahr oder zehn Jahre alt ist.

Zum dritten Punkt: Wie können Sie einen kranken Vogel von einem gesunden unterscheiden? Oft ist es sofort zu sehen, ob dem Tier etwas fehlt. Aber leider nicht immer. Der Vogel kann vor dem Kauf einen guten Gesamteindruck machen, aber doch schon eine Krankheit in sich haben. Sie kaufen dann möglicherweise einen Todeskandidaten. Gottlob passiert das bei genauem Hinsehen vor dem Kauf selten, manchmal aber leider doch.

Ich möchte Ihnen raten, wenn irgend möglich, zum Beo-Kauf einen Kenner mitzunehmen. Die Auskünfte und Ratschläge, die man beim Kauf gelegentlich bekommt, sind leider nicht immer zuverlässig. Es gibt zum Glück viele reelle Händler, aber dazwischen auch unseriöse, die gerade ein schwaches und krankes Tier an den Mann bringen wollen, um das Geschäft noch machen zu können, ehe der Vogel stirbt. Wenn Ihnen aber zu Hause der Beo nach wenigen Tagen eingeht, dann nützen Reklamationen und Beschwerden meist auch nichts mehr.

Worauf Sie beim Kauf besonders achten müssen

Sie sollten beim Kauf eines Beos genauso sorgfältig vorgehen, wie Sie es beim Kauf eines gebrauchten Autos oder eines wertvollen Gegenstandes tun würden. Achten Sie besonders auf:

● Das Federkleid –
ist es glatt, sauber und lückenlos oder ist es verschmutzt, zerzaust und mit kahlen Stellen besonders an Kopf und Hals durchsetzt?

● Die Beine –
sind sie sauber, liegen die Hornschuppen am Bein und an den Zehen glatt an oder sind die Beine verschmutzt und schrundig, stehen die Schuppen ab, sind die Zehen verkrümmt und fehlt gar eine, sind die Krallen lang ausgewachsen und krummgebogen?

● Das Verhalten –
macht der Beo einen munteren Eindruck, hüpft, frißt, trinkt er und putzt er sich, beobachtet er seine Umgebung aufmerksam oder sitzt er aufgeplustert an einem Platz, hält die Augen geschlossen, atmet schwer und interessiert sich für nichts?

● Die Kotabgabe –
kotet der Beo von Zeit zu Zeit ohne Anstrengung, ist das Gefieder um die Kloaken-

Überlegungen vor der Anschaffung

öffnung sauber und sieht der Kot trotz der Dünnflüssigkeit oder Breiigkeit gleichmäßig aus
oder versucht der Beo unter wippenden Bewegungen seines Körpers ständig vergeblich zu koten, ist das Gefieder um die Kloake und diese selbst verklebt und verschmutzt, und wirft der Kot wäßrige Blasen?
Trifft auch nur *eine* der negativen Beschreibungen zu, dann lassen Sie die Hände von diesem Beo. Aber machen Sie ruhig den Händler darauf aufmerksam, daß der Vogel, den er anbietet, krank ist.

Warnung vor dem Kauf durch den Versandhandel

Wenn Sie die Gelegenheit haben, einen Beo vor dem Kauf in Ruhe anzusehen und zu beobachten, dann können Sie sich gut ein Bild von seinem Zustand machen. Das trifft nicht zu, wenn Sie ihn über den Großhandel beziehen. Sie bestellen dann nach einer Liste und bekommen »irgend etwas« zugeschickt. Was das ist und in welcher Verfassung, das merken Sie erst, wenn Sie die Verpackung öffnen. Ist der Vogel krank, verletzt oder gar tot, so haben Sie im allgemeinen Umtauschrecht (vergewissern Sie sich darüber vor dem Kauf!).
Auf alle Fälle sollten Sie sich vom Bahn- oder Postbeamten den schlechten Zustand oder das Ableben des Vogels bestätigen lassen. Ich selbst würde auf gut Glück kein Tier bestellen, es sei denn, die Firma wäre mir als besonders zuverlässig bekannt.

Ein Wort zum Vogel- und Tierschutz

Beos gehören nicht zu den Heimtierarten, die sich in Gefangenschaft so ohne weiteres

züchten und damit vermehren lassen. Jeder gehandelte Beo ist der freien Wildbahn entnommen worden und kehrt nicht mehr dorthin zurück. Zwar zählen die Beos noch nicht überall in ihren Heimatländern zu den vom Aussterben bedrohten Vogelarten und dürfen gehandelt werden, aber mit einem Kauf unterstützen Sie den Handel mit Wildtieren schlechthin. Ob Sie das verantworten wollen, können nur Sie entscheiden. Immerhin berichtete mir ein Vogel- und Tiergroßhändler, daß schon seit Jahren keine Kleinen Beos und Mittelbeos mehr aus Indien importiert werden.
Vermutlich, weil der Bestand dort schon zu stark dezimiert worden ist. Statt dessen kommen die Vögel jetzt aus Thailand. Die Bauern, die dort praktisch vom Verkauf junger Beos leben, verkaufen die Vögel an Händler in Bangkok. Bis die Tiere dort ankommen, müssen sie eine Reise von einigen hundert Kilometern überstehen und außerdem anschließend den Flug nach Europa. Wie viele Vögel dabei sterben, dürfte kaum zu ermitteln sein.

Was ein Beo zu seinem Wohlbefinden braucht

Der richtige Käfig

Der Käfig für einen Beo muß mindestens dem für einen großen Papagei wie Graupapagei oder Amazone entsprechen, also mindestens die Maße 50×50×100 cm haben (→Zeichnung unten). Für einen Daueraufenthalt ist ein solcher Käfig aber bei wei-

Der richtige Beokäfig; er muß nicht unbedingt rundherum verdrahtet sein, aber er sollte einen herausnehmbaren Boden (eine Schublade) haben, damit Sie ihn leicht reinigen können (Modell: Firma Wagner & Keller).

tem zu klein. Der Beo kann in ihm seinen natürlichen Bewegungsdrang nicht abreagieren, was zur Folge hat, daß er rasch verfettet. Kann kein größerer Käfig beschafft und aufgestellt werden, muß Ihr Beo täglich Freiflug im Zimmer bekommen (→Seite 26). Papageienkäfige sind fast immer höher als breit und tief. Das ist für Kletterer wie die Papageien gut. Sie kommen mit Hilfe ihrer Füße und des Schnabels ohne weiteres am Gitter hinauf und hinunter. Beos aber sind keine Kletterer, sie hüpfen. Nun hüpft

es sich leichter hin und her als von oben nach unten oder umgekehrt. Deswegen ist ein Käfig, der länger und tiefer ist als hoch, besser für sie. Ein solcher Käfig ist aber leider kaum im Handel erhältlich. Sie sollten ihn sich dann selbst basteln oder herstellen lassen. Damit tun Sie Ihrem Beo noch zusätzlich etwas Gutes. Da Beos ihren Schnabel nicht dazu einsetzen, Holz oder dünneren Draht zu zerknabbern, was für Papageien und Sittiche sozusagen zum Leben gehört, braucht der Beokäfig auch nicht sonderlich stabil zu sein. Hauptsache, er ist praktisch – für den Vogel und für Sie.

Ein Beokäfig braucht nicht rundum verdrahtet zu sein. Es genügt, wenn die Vorderfront und eine Seite aus Draht bestehen, der Rest, auch das Dach, kann aus Holz sein. Den meisten Vögeln ist es sogar lieber, wenn sie durch ein geschlossenes Dach und eine Rückwand einen gewissen Schutz haben. Außerdem wird Zugluft dadurch vermindert oder verhindert.

Die Vergitterung des Käfigs kann aus Gitterstäben oder aus Gittermaschen bestehen. Das Gitter sollte möglichst verchromt oder verzinkt sein, um eine gründliche Reinigung zu ermöglichen. Alles, was rostet, taugt nichts. Wichtig ist, daß der Vogel seinen Kopf weder zwischen den Stäben hindurch noch durch die Maschen stecken kann. Wenn das möglich ist, besteht nämlich die Gefahr, daß er sich eines Tages stranguliert; wenn er seinen Kopf durch das Gitter zwängt, könnte es passieren, daß er ihn gegen den Federstrich nicht mehr zurückzuziehen vermag. Kommt er aber leicht mit dem Kopf durch das Gitter, dann kann er womöglich auch mit dem ganzen Körper hindurchschlüpfen und ist frei, ohne daß Sie das beabsichtigen.

Was ein Beo zu seinem Wohlbefinden braucht

Der Boden des Käfigs sollte in Form einer Schublade herausziehbar sein, da Sie ihn sonst nicht ordentlich säubern können. Als Bodenbelag eignet sich Vogelsand in nicht zu dünner Schicht. Wie schon früher beschrieben, koten Beos als Weichfresser ausgiebig und dünn. Wird dieser Kot nicht aufgesaugt, dann steigt der Beo in seinen eigenen Ausscheidungen herum. Er verschmutzt sich seine Zehen und Füße und trägt diesen Schmutz auch auf alle Sitzstangen und -äste. Nun ist Vogelsand nicht eben billig. Als Ersatz eignen sich Zeitungen. Mehrere Lagen übereinander erfüllen auch den Zweck des Aufsaugens. Sie müssen allerdings mittags und abends die Lagen erneuern, oder wenigstens die oberste Lage. Sollte schon der Käfig eines Körnerfressers täglich gereinigt werden, so erst recht der eines Beos. Es ist nicht nur der Kot, der Schmutz bringt, es entstehen auch Verschmutzungen durch die

Großer Kletterbaum für Beos zum Selberbauen. Besorgen Sie sich ein Stück Baumstamm, bohren Sie ein paar Löcher hinein, in die Sie die Äste stecken können; stellen Sie das Ganze in einen Bottich, den Sie mit Schotter oder Sand auffüllen.

Art und Weise, in der ein Beo das Futter zu sich nimmt. Obst und Früchte werden mit dem Schnabel geknautscht, wobei der Kopf oft heftig geschüttelt wird, um einen großen Brocken klein zu kriegen. Dabei fliegt dann die Hälfte durch die Luft, bleibt frühestens an den Gitterstäben hängen, spätestens an der Zimmerwand. Nach einer Woche sehen dann der Käfig und seine Umgebung aus, als hätten die Wilden gehaust. Zweckmäßigerweise umgeben Sie daher die Seiten des Käfigs im unteren Bereich, wo die Futternäpfe angebracht sind, mit Glas oder Plastik. So verringert sich die Zahl der hinausgeschleuderten Essensbrocken beträchtlich. Im Käfiginnern können Sie dagegen nichts anderes tun, als Tag für Tag gründlich mit heißem Wasser zu putzen. Sicherlich: der eine Beo macht mehr Schmutz, der andere weniger. Sie werden bald selbst bestimmen können, in welchen Zeitabständen eine »Rundumreinigung« notwendig wird. Es ist allerdings immer besser, den Käfig einmal zu viel als einmal zu wenig zu reinigen.

Futter- und Wassernapf

Die Futternäpfe – etwa in der Größe wie sie für Großpapageien üblich sind, und möglichst zwei, damit sie Obst und anderes Weichfutter getrennt anbieten können (→Seite 38) – sollen so angebracht werden, daß sie von einer Sitzstange aus leicht erreichbar sind, ebenso der Wassernapf zum Trinken. Achten Sie darauf, daß Futter- und Wassernäpfe nicht so stehen oder hängen, daß der Beo hineinkoten kann. Also genügend Abstand zu darüber befindlichen Stangen! Futter- und Wassernapf sollen von außen gefüllt werden können. Wenn Sie jedes-

Was ein Beo zu seinem Wohlbefinden braucht

mal durch das Käfigtürchen hineinlangen und im Käfig hantieren müssen, so bedeutet das – jedenfalls für einen noch nicht eingewöhnten oder scheuen Beo – viel zu viel Aufregung und Beunruhigung. Der Wassernapf darf nicht zu flach sein, sondern muß so tief sein, daß der Beo mühelos trinken kann (→Seite 40).

Sitzstangen müssen so stark sein, daß der Vogel sie mit seinen Zehen nicht umgreifen kann (links: richtig, rechts: falsch).

Sitzstangen

Die Sitzstangen sollten möglichst aus rohem Holz sein und in ihrem Durchmesser dem Klammergriff des Vogels entsprechen. Er darf mit seinen drei Vorderzehen und seiner Hinterzehe die Sitzstangen nicht vollständig umgreifen können, sonst nutzen sich die Krallen nicht ab und wachsen leicht über die normale Länge hinaus. Im Handel erhältliche Plastiksitzstangen sind zwar leicht zu säubern, für den Vogel aber zu glatt. Das Beste sind Naturäste von unterschiedlicher Stärke. Auf ihnen kann der Beo seine Zehengriffe ständig variieren, wie er das auch in Freiheit macht. Von Zeit zu Zeit werfen Sie die alten Äste weg und holen sich neue. Schwingende Schaukelsitze geben Sie lieber nicht in den Käfig. Sie sind für Beos ungeeignet. Das Hinundherpendeln macht sie nervös, und die Stangen können dem Vogel ins Kreuz oder an den Kopf schlagen.

Die Nisthöhle

Beos sind Höhlenbrüter. Sie schlafen auch gerne in Höhlen. Wenn es sich bei einem Käfig machen läßt, sollten Sie eine außen hängende und von innen zugängliche Nisthöhle anbringen. Sie muß etwa die Innenmaße $20 \times 20 \times 20$ cm haben. Das Einschlupfloch sollte so groß sein, daß der Beo gerade gut ein- und ausschlüpfen kann. Er wird aber auch mit einer Halbhöhle vorliebnehmen. Paßt dies alles nicht in oder an Ihren Käfig, dann wird der Beo vielleicht abends zum Schlafen unter die Zeitungslagen auf dem Käfigboden schlüpfen. Lassen Sie ihn dort in Ruhe. Aber sorgen Sie bei dieser etwaigen Angewohnheit dafür, daß das Zeitungspapier noch vor dem Schlafengehen des Beos erneuert wird, damit er sich nicht mit seinem eigenen Gekleckse zudecken muß.
Soviel zum Käfig und seiner Mindestgröße. Sie können Ihren Beo aber auch besser unterbringen.

Volieren

Die Zimmervoliere
In einer Voliere hat der Beo Raum zum Fliegen; das wird seiner Gesundheit und seiner Lebenserwartung sehr zustatten kommen.
Zimmervolieren sind im Grunde nichts anderes als ein großer Käfig. Was ich über Käfige schrieb, gilt auch für Volieren. Aber einiges ist zusätzlich zu beachten. Zimmervolieren sind im Handel erhältlich, Sie können sie aber auch nach Maß anfertigen oder herstellen lassen. Eine Bespannung mit plastikummanteltem Maschendraht ist am

Was ein Beo zu seinem Wohlbefinden braucht

geeignetsten. Beim Anfliegen an das Gitter können sich die Vögel nicht so leicht verletzen wie bei dem doch eher scharfen, verzinkten Geflecht. Mit kleinen Klappen oder Türchen kommen Sie bei der Zimmervoliere nicht mehr aus. Sie müssen eine größere Türe haben, durch die Sie selbst hinein- und herausgehen können. Aber machen Sie diese Türe möglichst schmal. Das verhindert ein Entwischen des Vogels, wenn Sie die Tür öffnen.

Die Zimmervoliere stellen Sie möglichst an einer Wand oder in einer Zimmerecke auf. Hell soll es dort sein, aber nicht zugig. Ist die Voliere nicht zu groß, können Sie das Ganze auf Rollen oder Räder stellen, so daß es sich leicht hin- und herschieben läßt.

Aber Vorsicht, damit der Beo dabei nicht erschrickt.

Sitzstangen und Äste müssen gut befestigt werden; sie dürfen beim vielen An- und Abfliegen des Vogels nicht locker werden und herunterfallen. Bringen Sie Futter- und Wassergefäße auch in der Voliere so an, daß sie für den Beo von einer Sitzstange aus gut erreichbar sind. Stellen Sie sie nie auf den Boden. Da verschmutzen Futter und Wasser im Nu. Sehr gut eignen sich freistehende Ständer mit einem oben angebrachten Brett, auf das Sie die Gefäße stellen. Das Brett sollte aber unbedingt einen Rand haben, damit die Näpfe nicht hinuntergestoßen werden können. In einer Voliere sollten Sie dem Beo auch eine Bademöglichkeit bieten.

Eine Zimmervoliere, die Sie sich auch selber bauen können, bietet sogar mehreren Vogelarten ausreichend Platz. Sie muß ausgestattet sein mit sicher befestigten Sitzstangen und Ästen. Vergessen Sie die Nistkästen nicht!

19

Was ein Beo zu seinem Wohlbefinden braucht

Die Freivoliere

Sie können die Freivoliere für Ihren Beo auf dem Balkon oder im Garten aufstellen. Beos sind recht witterungsunempfindlich. Milde Winter – im Freien verbracht, sofern sie daran gewöhnt sind – schaden den Beos daher keineswegs. Besser und sicherer ist es allerdings, wenn Ihr Beo einen Schutzraum zur Verfügung hat, den er durch einen Einschlupf von der Voliere aus aufsuchen kann, falls es doch einmal kalt wird und längere Zeit Frost herrscht. Mein Beo Peter war bis −10° C absolut winterhart. Aber er war auch von Anfang an das Leben im Freien gewöhnt.

Für den Fall, daß Sie den Beo in einer Freivoliere halten möchten, hier nur noch folgendes:

• Achten Sie bei Freivolieren auf Räuber und Schädlinge wie Katzen, Marder, Ratten und Mäuse.

• Achten Sie darauf, daß bei starkem Schneefall die Voliere durch die Schneelast nicht zusammenbricht. Sichern Sie vor allem das Drahtgeflecht oben (oder das Dach) durch Stützen ab.

• Achten Sie auf eventuell mit der Zeit entstandene schadhafte Stellen im Drahtgeflecht, durch die der Beo entweichen kann. Eine Freivoliere, die keinen anschließenden Innenraum besitzt, muß stets eine überdachte und geschützte Ecke haben, in die sich der Beo bei Regen und sonstiger Unbill zurückziehen kann.

Es wird sich wohl nicht lohnen, für einen Beo alleine eine große Freivoliere zu bauen. Sie tun Ihrem Vogel auch schon Gutes, wenn Sie ihn wenigstens tagsüber in der warmen Jahreszeit aus seinem Zimmerkäfig oder seiner Zimmervoliere holen und nach draußen in eine kleine Voliere bringen. Er darf aber nie Wind, Zugluft oder der prallen Sonne ausgesetzt sein. Natürlich können Sie den Beo auch in seinem Käfig auf den Balkon oder auf die Terrasse stellen, wenigstens stundenweise. Dann aber doppelte Vorsicht vor Katzen, die durch die Stäbe greifen und den Vogel umbringen können. Bleiben Sie in der Nähe!

Grundregeln für Haltung und Pflege

Eingewöhnen und handzahm machen

Wenn Sie mit Ihrem Beo nach Hause kommen, sollte dort schon alles für seine Ankunft vorbereitet sein. Käfig oder Voliere müssen fertig eingerichtet bereitstehen, Futter- und Wassernapf gefüllt sein (→Seite 16).

Eingewöhnung nach dem Kauf
Denken Sie jetzt daran, daß Vögel jeden Umgebungswechsel erst einmal übelnehmen und daß ihnen alles Neue nicht geheuer ist. Wenn Sie den Beo in seine ihm zugedachte Behausung setzen und dann nachträglich noch dies oder jenes darin anbringen oder richten müssen, jagen Sie ihm zusätzlich zu seinem Unbehagen ob der für ihn ungewohnten Umgebung auch noch einen Schreck ein. Das kann sich für das künftige Zusammenleben negativ auswirken. Und greifen Sie bitte nicht mit der Hand in seinen Transportbehälter, um den Beo in den Käfig zu setzen.

Das Einsetzen in den Käfig
Der Transportbehälter wird eine Schachtel sein oder ein Kistchen. Bereiten Sie alles so vor, daß Sie den Deckel leicht abheben können. Es genügt, wenn Sie ihn nur so weit verschieben, daß der Beo durch den Spalt herausschlüpfen kann. Halten Sie diese Öffnung vor die Käfigtüre. Der Vogel wird – dem Licht entgegen – selbst aus dem Behälter in den Käfig wechseln. Schließen Sie die Käfigtüre und bleiben Sie in einigen Metern Entfernung zunächst ruhig stehen oder sitzen. Starren Sie den Vogel nicht unverwandt an. Wenn Sie sich bewegen müssen, tun Sie es langsam, sprechen Sie beruhigend und leise mit dem Vogel. Schüttelt er erst einmal sein Gefieder und beginnt, sich zu putzen, dann ist das schon ein Zeichen, daß er sich nicht mehr besonders aufregt. Geht er ans Futter und frißt, so ist das Schlimmste überwunden.

Unterbringung in Käfig oder Voliere
Haben Sie für Ihren Beo eine Freivoliere zur Verfügung, so ist es nicht ratsam, ihn gleich nach seiner Ankunft dort hinein zu entlassen. Besser ist es, wenn er sich seine neue Großwohnung erst einmal einige Stunden von einem kleineren Käfig aus betrachten kann. Vor allem dann, wenn die Voliere schon von anderen Vogelarten benutzt wird, müssen Sie dem Neuankömmling Gelegenheit geben, alles zunächst einmal aus sicherer Entfernung beobachten zu können. Er wird sich dann später leichter seinen Platz unter den Mitbewohnern erkämpfen und ihn behaupten können.

Beos, die noch nie im Freien gehalten worden sind und stets die schützende Zimmerdecke über sich hatten, sollte man möglichst nicht von einer Minute auf die andere in eine Gartenvoliere umsiedeln. Draußen fliegt nämlich allerlei in der Luft herum, was einen Beo in Angst und Schrecken versetzen kann. Greifvögel sind von Natur aus Feinde für alle kleineren Vogelarten; ein Mäusebussard etwa, der über den Garten segelt, wenn auch ohne schlechte Absichten, muß dem Beo nicht ganz geheuer sein. Beim Versuch, zu flüchten, kann er sich verletzen. Mit der Zeit wird er lernen, daß Greifvögel ihm nichts tun, einfach, weil sie es wegen der Gitter, die ihn schützen, nicht können (was nicht für Eulen in der Nacht gilt). Aber auch Flugzeuge, für einen unerfahrenen Vogel sozusagen überdimensionale Greifvögel, lassen einen Beo in Panik geraten, wenn er

Grundregeln für Haltung und Pflege

sie noch nicht »gewöhnt« ist. Daß Greifvögel in der Regel nicht brummen, spielt dabei keine Rolle, denn Vögel verlassen sich zunächst auf das, was sie sehen, und nicht auf das, was sie hören.

Ich hielt früher im elterlichen Garten in München, der genau unter der Einflugschneise des Flughafens lag, einmal einen zahmen Brachvogel. Anfangs legte er sich bei jedem startenden und landenden Flugzeug platt auf den Bauch ins Gras. Nach ein paar Tagen hockte er sich auf die Läufe nieder und wieder einige Zeit später zog er nur mehr den Kopf ein, bis er sich schließlich nichts mehr aus den Maschinen machte.

Denken Sie bitte daran: Bevor ein Vogel in eine Freivoliere kommt, sollte er zunächst einmal Gelegenheit haben, aus dem Fenster zu beobachten, was sich draußen alles »tut«.

Zurück zum Zimmerkäfig. Wenn der Beo nach einigen Stunden einen zufriedenen und ruhigen Eindruck macht, können auch Sie dazu übergehen, sich normal zu verhalten. Hastige Bewegungen und ihn erschreckende, laute Geräusche sollten Sie dennoch zunächst vermeiden. Am Abend decken Sie den Käfig oben und an zwei oder drei Seiten mit einer leichten Decke zu. Das gibt dem Beo mehr Geborgenheit. Merken Sie allerdings, daß er erschrickt, wenn Sie mit der Decke kommen, dann lassen Sie diese vorerst lieber weg. Vielleicht gewöhnt sich der Vogel zu einem späteren Zeitpunkt daran. Das Zudecken muß nicht sein, aber viele Vögel mögen es oder vermissen es sogar, wenn es unterbleibt.

Die ersten Stunden

Egal, in welche Behausung der Beo kommt, er sollte mindestens ein paar Stunden Zeit haben, sich darin zurechtzufinden. Setzen Sie ihn daher nicht kurz vor dem Dunkelwerden ein oder gar nachts, wenn er sich nicht mehr orientieren kann. Das gilt ganz besonders für Volieren, weil der Vogel in diesen großräumigen Käfigen noch unsicherer ist als in einem überschaubaren Bauer. Es kann dann passieren, daß er sich für den Rest der Nacht einen noch unbekannten Platz aussucht und mehr oder weniger unfreiwillig irgendwo landet, wo er nicht vor schlechter Witterung geschützt ist. Am anderen Morgen finden Sie ihn dann vielleicht durchnäßt und klamm oder gar schon tot vor.

Gewöhnung an die Hand

Wenn Sie darauf Wert legen, daß der Beo möglichst rasch mit Ihnen vertraut wird, daß Sie ihn handzahm bekommen – was bedeutet, daß der Vogel freiwillig auf Ihre Hand oder Ihre Schulter kommt –, so ist hierfür eine kleinere Behausung besser geeignet als eine große Flugvoliere. In letzterer hat der Beo stets Fluchtmöglichkeiten und kann Ihnen ausweichen; denn ohne ihn zu scheuchen, kommen Sie schlecht an ihn heran. In einem Zimmerkäfig dagegen muß er Ihre Nähe dulden, ob er nun will oder nicht.

Das klingt etwas hart, trägt aber zur schnelleren Gewöhnung an den Pfleger bei. Vielleicht haben Sie sich schon einmal darüber gewundert, wie wenig ängstlich sich die Vögel (und andere Tiere auch) in Zoologischen Gärten verhalten, obwohl vor ihren Käfigen Tausende von Menschen vorbeispazieren. Diese Tiere haben sich einfach daran gewöhnt, und der ganze Trubel macht ihnen nichts mehr aus. In großen Anlagen und Volieren sind Vögel meist auf der den Besuchern abgewandten Seite zu finden.

Grundregeln für Haltung und Pflege

Wenn Sie einen nestjungen Beo bekommen haben, so wird er sich ganz von selbst an die Hand gewöhnen, da er durch sie sein Futter bezieht. Es kommt bei ihm dann gar nicht dazu, daß er die Hand scheut. Sobald ein nestjunger Beo sein Kunstnest verläßt (→Seite 47), lassen Sie ihn auf Ihrer Hand sitzen. Alles weitere ergibt sich von alleine. Solange der Vogel keine schlechten Erfahrungen mit der Hand des Menschen macht, bleibt sie ihm vertraut.

Auch wenn der Beo schon mit Ihrer Hand vertraut ist, sollten Sie fahrige und ruckartige Bewegungen unbedingt vermeiden, um ihn nicht aus dem Gleichgewicht zu bringen.

Das Reichen von Leckerbissen

Ältere Beos können zunächst handscheu sein. Das beste Mittel, diese Scheu abzubauen, ist das Darreichen von Leckerbissen. Zunächst einmal soll sich der Vogel aber in seinem neuen Zuhause in aller Ruhe eingewöhnt haben. Sobald er Sie vor dem Käfig duldet, ohne ängstlich zu werden, zeigen Sie ihm einen Leckerbissen, beispielsweise einen Mehlwurm, den Sie in den Fingern halten oder auf der flachen Hand krabbeln lassen. Der Beo wird sehr interessiert danach schauen, nehmen wird er den Wurm aber noch nicht. Lassen Sie den Mehlwurm eine Minute zappeln und geben Sie ihn dann in den Käfig oder in den Futternapf, damit der Beo ihn sich holen kann. Das machen Sie so ein paar Tage lang, bringen aber die Hand dabei immer näher an den Vogel heran. Schließlich wird er Ihnen das Futter mit langem Hals und angelegten Federn abnehmen. Damit haben Sie gewonnen. Machen Sie weiter so, bis Ihnen der Beo den Wurm ohne langes Federlesen aus der Hand reißt.

Wie locken Sie den Beo auf Ihre Hand?

Wenn Sie den Beo nun soweit an Ihre Hand gewöhnt haben, öffnen Sie das nächste Mal das Käfigtürchen und stecken Ihre Hand mit dem Futter langsam hinein. Wenn das klappt, ohne daß der Beo erschrickt, machen Sie folgendes: Sie halten die linke Hand vor den Beo, etwa in Höhe seines Bauches, und locken – von hinten – mit dem Wurm in der rechten Hand. Um den Wurm nehmen zu können, muß der Beo auf Ihre linke Hand springen. Halten Sie die Hände dabei ganz ruhig und ziehen Sie nicht etwa die Hand mit dem Beo darauf aus dem Käfig. Das geht erst, wenn der Beo wirklich »fest« auf der Hand sitzt, weil er zum Herausnehmen aus seinem Käfig nämlich meist ein paar Verrenkungen machen oder sich ducken muß. Sind Sie schließlich so weit, daß Sie Ihre Hand mitsamt dem Vogel behutsam aus dem Käfig bekommen, ist nichts mehr weiter zu tun. Merken Sie sich nur, daß Sie niemals fahrige oder ruckartige Bewegungen mit der Hand machen dürfen, wenn der Beo darauf sitzt. Das bringt ihn aus dem Gleichgewicht und damit auch aus der Fassung.

Wird ein Beo »stubenrein«?

Einen Beo stubenrein bekommen zu wollen, ist ein aussichtsloses Unterfangen. Das allerdings gilt ganz allgemein für Vögel. Die Verdauung geht zu rasch und sozusagen ununterbrochen vor sich; das Koten steht in keiner Verbindung zu irgendwelchen anderen Verhaltensweisen. Das ist bei Säugetieren anders. Ein Hund etwa markiert mit Urin und Kot sein Revier, er sucht sich dafür bestimmte Plätze, an die er sich gewöhnt und versteht sehr schnell, wo er »darf« und wo nicht. Ein Vogel wird das nie lernen, also nützt auch kein Strafen.

Der einzige mir bekannte Vogel, der halbwegs stuben- beziehungsweise »schulterrein« wurde, gehörte meinem Vater. Es war ein Nymphensittich, der lernte, daß er erst dann aus seinem Bauer herausdurfte, wenn er ein »Batzi« gemacht hatte. Gelernt hat er es nur dadurch, daß mein Vater mit unendlicher Geduld vor seinem Bauer stand und immer wieder sagte: »Mach ein Batzi.« Zunächst war es Zufall, als eines »auf Kommando« kam, danach aber durfte der Sittich sofort heraus. Schließlich drückte er ganz offensichtlich, um eines fallen zu lassen, wenn man ihn dazu aufforderte. Wann das nächste Batzi fällig war, wußte man nie, und nur, wenn der Vogel alle zwanzig Minuten in das Bauer zurückgesetzt wurde und eine erneute Aufforderung erhielt, blieben Schulter oder Tisch einigermaßen sauber. Solches wird mit einem Beo aber nie gelingen.

Das Bad – das Sandbad

Beos baden gerne und häufig. Dabei geht es wild her! Deswegen sollten Sie auch keinen Badenapf in einen kleinen Käfig stellen, denn der müßte sonst von oben bis unten »trockengelegt« werden. In Volieren bringen Sie den Badenapf am besten genauso wie die Futter- und Trinkgefäße an: auf dem Brett eines Ständers (→Seite 19). Ist ihr Beo zahm, kommt er auf die Hand, oder hat er seinen täglichen Freiflug im Zimmer, dann lassen Sie ihn um die Mittagszeit sein tägliches Bad außerhalb des Käfigs nehmen.

Als Badenapf eignet sich ein entsprechend großer Blumentopfuntersetzer. Er muß so groß sein, daß der Vogel ganz hineinpaßt, ohne sich den Kopf verrenken zu müssen. Auch der Schwanz soll nicht über den Rand hinausstehen, denn der bedarf einer Reinigung meist ganz besonders. Blumentopfuntersetzer oder ähnliche flache Gefäße haben meist eine glatte Oberfläche. Da rutscht ein Vogel mit seinen Füßen aus und wird ängstlich, vor allem, wenn er das Baden in solchen künstlichen »Pfützen« noch nicht gewöhnt ist. Wenn Sie Ihren Beo vom Händler gekauft haben und der Vogel ein Jungvogel ist (→Seite 43), können Sie ziemlich sicher sein, daß er noch nie gebadet hat. In den kleinen Bauern, in denen die Beos vor dem Kauf sitzen müssen, ist zum Baden gar keine Gelegenheit. Da vermögen sie höchstens ihren Schnabel in den Trinkwassernapf zu stecken und sich damit etwas anzuspritzen. Das ist aber kein Beo-Bad. Ein Beo-Bad bedeutet, daß der Beo bis zum Bauch in seinen Badenapf steigt, dann heftig mit den Flügeln zu schlagen beginnt, den Kopf eintaucht, sich niederduckt und sich mit sprühenden Wasserfontänen voll und ganz einnäßt. Das macht er oft minutenlang und immer wieder. Zum Schluß ist er tropfnaß und der Napf leer. Dann erst beginnt er mit dem Trocknen, Pflegen und Glätten seines Gefieders. Damit Ihr Beo nun in seinem Badenapf nicht ausrutschen kann, legen Sie auf den Boden des Untersetzers eine dünne Schaumgummilage oder ein Stück Filz. Da haben dann die Füße festen Halt, und es kann nichts mehr passieren.

Ein tägliches Wasserbad im handwarmen (im Sommer auch kühlen, aber nicht gerade eiskalten) Wasser trägt ganz besonders zum Wohlbefinden des Beos bei.

In einem Vogelbuch habe ich gelesen, daß Beos auch gerne Staub- oder Sandbäder nehmen. Das mag sein, allerdings habe ich dies bei meinen Beos nie beobachtet, obwohl sie dazu in ihren Freivolieren reichlich Gelegenheit gehabt hätten. Sie können es ausprobieren. Stellen Sie dem Beo eine Schale mit sonnenwarmem, lockerem und sauberem Sand zur Verfügung. Wenn er will, wird er sicher darin »baden«.

Zu lange Krallen richtig kürzen: Den Beo in die linke Hand nehmen, seinen Kopf zwischen Zeige- und Mittelfinger, das Bein mit Mittel- und Ringfinger festhalten. Mit einer scharfen, kleinen Drahtschere die Krallen schnell auf die richtige Länge abknipsen.

Kürzen zu langer Krallen

Die Hornschicht des Schnabels und der Krallen wächst in Gefangenschaft manchmal über die normale Länge hinaus und stört dann den Vogel beim Fressen beziehungsweise in seiner Bewegung. Grund dafür sind eine zu geringe Abnutzung durch ungenügenden Gebrauch des Schnabels und zu dünne Sitzstangen, an denen sich die Krallen nicht abschleifen können.

Krallen schneiden: links falsch, rechts richtig gemacht. Passen Sie auf, daß Sie nicht in den durchbluteten Teil der Kralle hineinschneiden.

Beos werden selten ein Auswachsen der Oberschnabelspitze zeigen (dies ist mehr bei Papageien und Sittichen der Fall, die mit ihren Schnäbeln viel knacken und raspeln müssen); eher werden ihre Krallen zu lang. Sie zu kürzen, ist nicht schwierig:

Sie nehmen den Beo in die linke Hand und zwar so, wie es die nebenstehende Zeichnung zeigt. Halten Sie seinen Kopf zwischen Zeige- und Mittelfinger, verhindern Sie, daß Ihnen der Vogel nach vorne aus der Hand schlüpfen kann. Mit Mittel- und Ringfinger fixieren Sie das zu behandelnde Bein. Dann nehmen Sie eine scharfe, kleine Drahtzange und knipsen die Krallen in der richtigen Länge ab. Knipsen Sie zu nahe am ersten Zehenglied, kann es bluten, da ein Blutgefäß in den Ansatz der Kralle hineinreicht. Bei hellgefärbten Krallen läßt sich dieses

Gefiederpflege ist eine Beschäftigung, bei der ▷
dem Beo die besondere Gelenkigkeit seines Hal-
ses zugute kommt.

Gefäß als dunkler Schatten gegen das Licht
erkennen. Knipsen Sie die Kralle dann einige Millimeter vor dem Schatten ab
(→ Zeichnung Seite 25). Gibt es eine leichte
Blutung, so schadet dies dem Beo nicht; sie
hört bald auf. Sie können die Krallen auch
abfeilen, wenn Ihnen das Abknipsen zu gefährlich erscheint, aber diese Prozedur dauert länger.

Das Flügelstutzen

Unter Stutzen versteht man das einseitige
Beschneiden einiger Schwungfedern, wo-
durch der Vogel bis zur nächsten Mauser
flugunfähig gehalten wird. Es ist für Beos
nicht zu empfehlen, weil die Vögel dann
nämlich beim Versuch, abzufliegen, hart auf
den Fußboden fallen, und es dadurch leicht
zu Brüchen oder gar lebensgefährlichen
Verletzungen kommt. Außerdem neigen
flugunfähige Beos sehr zur Verfettung.
Selbst wenn Sie nur so wenig Federn durch
Abschneiden an einem Flügel fortnehmen,
daß der Beo zwar noch fliegen kann, aber

Federn dürfen erst gestutzt werden, wenn sie voll
ausgewachsen und die Blutkiele abgestorben sind.

nur mehr schwerfällig, hat er ebenfalls große
Schwierigkeiten bei seinen Flugmanövern
und landet oft dort, wo er gar nicht landen
wollte. Es kommt auch hierbei zu Abstürzen
und Verletzungen.

Freiflug im Zimmer und andere Gefahren

Es mag Sie verwundern, daß ich Freiflug im
Zimmer in einem Atemzug mit anderen Gefahren nenne. Aber Sie werden gleich erfahren, was da alles passieren kann. Ich möchte
sagen, daß mehr Vögel in Gefangenschaft
durch Unglücksfälle ums Leben kommen als
durch Krankheiten oder Altersschwäche.

Vorsicht beim täglichen Freiflug

Es ist Ihre Aufgabe, möglichen Unglücksfällen vorzubeugen. Aber: Selbst wenn Sie
noch so vorsichtig sind und meinen, alles be-
dacht zu haben, kann es doch noch Pannen
geben. Ich habe in vielen Jahren der Vogelhaltung die sonderbarsten Ursachen für Unglücksfälle erlebt und meine, dadurch etwas
klüger geworden zu sein. Man lernt dabei
allerdings nie aus. Doch die häufigsten Gefahren kann ich Ihnen aufzählen.
Freiflug im Zimmer: Ihr Beo soll, um fit zu
bleiben, möglichst täglich einige Zeit im
Zimmer oder in der Wohnung frei fliegen
können. Zunächst sollten Sie den Vogel
aber unbedingt etwa vierzehn Tage in seinem Käfig lassen, bis er sich an seine neue
Umgebung und an Sie gewöhnt hat. Je zutraulicher ein Beo ist, um so weniger gefahr-
voll wird sein erster Ausflug. Immer aber
wird er in neuer Umgebung (und außerhalb
des Käfigs befindet er sich in einer neuen
Umgebung) schreckhafter sein als in seiner

◁ Gefahrenquellen in der Küche! Durch heiße
Herdplatten und Töpfe kann es zu schlimmen
Verbrennungen kommen.

gewohnten. Bringen Sie vor dem ersten
Zimmerfreiflug Ihres Beos an verschiedenen
Stellen im oberen Bereich des Zimmers einige Sitzäste an, auf denen sich der Vogel si-
cheren Fußes niederlassen kann. Unser Mo-
biliar, mit Ausnahme vielleicht von gepol-
sterten Stuhllehnen, ist für Vogelfüße kein
guter Landeplatz. Es ist zu glatt. Sehr leicht
rutscht ein Vogel auf einer Schrankdecke
oder einer Kommodenoberfläche aus und
landet zwischen Rückwand und Zimmerwand. Da klemmt er dann im Spalt und
kann nicht vor und nicht zurück. Wenn Sie
während eines derartigen Absturzes gerade
anwesend sind, können Sie ihn befreien,
wenn nicht, geht es für den Beo meist übel
aus.

Anprall an das Fenster
Bevor Sie die Käfigtüre öffnen, um Ihrem
Beo die Möglichkeit zu geben, herauszu-
kommen, vergewissern Sie sich, daß alle
Fenster und Türen geschlossen sind, ziehen
Sie die Vorhänge zu oder lassen Sie die Ja-
lousien herunter. Vögel neigen dazu, zum
Licht zu fliegen. Ein Beo, der aus seinem
Käfig kommt, wird entweder gleich oder
nach kurzer Zeit einem Fenster zustreben.
Die Folge ist, daß er an die Scheiben prallt.
Hat er nicht viel Schwung, rutscht er nur an
der Scheibe herunter und flattert weiter. Hat
er aber viel Schwung, kann er sich dabei
eine Gehirnerschütterung holen. Sollte dies
Ihrem Beo tatsächlich einmal zustoßen, setzen Sie ihn warm und dunkel; er wird sich
dann nach einiger Zeit wieder erholt haben.
Hat er sehr viel Schwung, dann bricht er
sich den Schädel oder das Genick und ist
tot. Zugezogene Vorhänge verhindern dies.
Hat der Beo einen Zusammenstoß mit einer
Fensterscheibe einmal heil überstanden,

wird er meist auch gelernt haben, aufzupas-
sen und später nur in Panikstimmung versuchen, dagegenzufliegen. Aber es kann eben
schon beim ersten Mal schiefgehen. Darum
nochmals: Vorhänge oder Jalousien zuziehen oder eine Decke vor das Fenster spannen, bevor der Beo aus seinem Käfig gelas-
sen wird. Für die Sommermonate können
Sie auch in eines Ihrer Fenster einen mit
Maschendraht bespannten Rahmen einpas-
sen, damit Sie lüften können, auch wenn der
Beo frei fliegt.

Wenn der Beo gegen eine ungesicherte Fensterscheibe fliegt, kann er sich eine Gehirnerschütterung holen – oder sich sogar das Genick brechen.

Flucht ins Freie
Nun kann Ihrem Beo aber auch einmal die
Flucht ins Freie gelingen. Sie haben vergessen, ein Fenster zu schließen, und schon sitzt
er draußen auf einem Baum. In einer solchen Situation hängt das Weitere sehr davon

ab, wie zahm der Beo ist. Ein scheuer Vogel wird fast immer auf Nimmerwiedersehen dahin sein, weil er im Freien über irgend etwas erschrickt und weiterfliegt. Sie verlieren ihn bald aus den Augen und können dann gar nichts mehr tun, um ihn zurückzuholen. Ein zahmer Beo wird eher in der Nähe bleiben, und, sobald er Hunger hat, Ihrem ihm bekannten Ruf folgen. Sie können auch seinen Käfig ins Freie stellen und hoffen, daß er zu seinem Vogelheim und dem darin befindlichen Futter zurückkehrt. Vermeiden Sie auf jeden Fall lautes Geschrei und nervöses Umherlaufen oder die Anwesenheit fremder Personen. Das alles kann den Beo auch nervös machen und ihn vom Zurückkommen abhalten.

Mit einem Kescher können Sie Ihren entflogenen Beo am besten wieder einfangen – das muß allerdings spätestens beim zweiten Versuch klappen!

Entweicht ein Beo aus einer Freivoliere, in der er schon längere Zeit gelebt hat, so wird er sich in deren Nähe aufhalten, solange ihn nichts nachhaltig vertreibt. Auch hier wird ihn der Hunger zu freiwilliger Rückkehr bewegen. Häufig lassen zahme Vögel ihren Pfleger recht nahe an sich herankommen, sind aber doch zu verstört, um auf die Hand oder die Schulter zu fliegen. Für einen solchen Fall sollten Sie einen Kescher (→Zeichnung unten links) besitzen, den Sie dem Beo über den Kopf stülpen. Das muß dann allerdings beim ersten oder spätestens beim zweiten Versuch klappen, sonst ist der Vogel diesem Instrument gegenüber so argwöhnisch geworden, daß weitere Fangversuche vergeblich sein werden.

Eines ist beim Entwischen des Beos ins Freie vor allem wichtig: daß Sie ihn im Auge behalten! Sie glauben gar nicht, wie schwer es ist, ihn wiederzufinden, wenn er erst einmal in einer dicht belaubten Baumkrone sitzt. Durch alles Unbekannte um ihn herum verstört, wird er wahrscheinlich auch seine Stimme zunächst nicht gebrauchen, die Sie auf ihn aufmerksam machen könnte.

Kurz: Vorbeugen durch Schließen der Fenster ist besser als den Vogel wieder einfangen zu müssen.

Natürlich ist mir auch einmal mein zahmer Beo ausgekommen. Ich sage »natürlich«, weil es ziemlich unnatürlich wäre, würde einem ein Vogel, der zahm ist und den man fast zehn Jahre hat, nicht einmal aus einer Freivoliere entwischen. Mein Beo Peter flog eines Morgens, als ich zum Füttern in die Voliere ging, davon. Er konnte das sehr leicht, denn ich hatte vergessen, die Tür hinter mir zu schließen. (So etwas passiert mir meist am Morgen, weil ich nach dem Aufstehen immer noch eine gute Stunde brauche, um richtig wach zu werden.) Peter flog also durch die Tür und setzte sich auf die höchste Spitze eines Birnbaums. Dort pfiff er sich eins. Mich regte die Sache nicht weiter auf, weil ich für solche Situationen meine Frau zu Hause wußte, die sich um den Vo-

Grundregeln für Haltung und Pflege

gel kümmern und ihn irgendwie schon wieder einfangen würde. Ich sagte ihr also, daß wir einen freifliegenden Beo im Garten hätten, der auf dem Birnbaum säße; ich müsse nun zur Arbeit, und sie möge sich doch, bitte, der Sache annehmen.

Das tat sie dann auch, aber, wie ich am Abend erfuhr, dauerte es fast den ganzen Tag, bis Peter wieder in der Voliere saß. Er war nämlich offenbar zunächst satt – und das erschwert ein Wiedereinfangen beträchtlich. Ein hungriger Vogel läßt sich verhältnismäßig leicht locken und überlisten; ein satter hingegen sieht sich zunächst einmal die Gegend an. Glücklicherweise geschah nichts, was Peter veranlaßt hätte, kopflos davonzustürmen. Kein Flugzeug flog im Tiefflug über das Grundstück, kein Vogel, der hier sein Revier verteidigte, scheuchte Peter auf und davon.

Trotzdem nützte es nichts, daß meine Frau in den lieblichsten Tönen lockte und rief. Selbst Mehlwürmer, Peters Lieblingsspeise, auf der flachen Hand angeboten und auf den Boden gestreut, konnten ihn nicht reizen. Kostbare zehn Mark etwa krabbelten nach allen Richtungen davon und verschwanden nach und nach im Boden.

Meine Frau ging nach zwei Stunden ins Haus, um ihre hausfraulichen Pflichten wahrzunehmen; geraume Zeit später kam sie wieder in den Garten, um noch einmal nach dem Beo zu sehen – aber er war immer noch verschwunden. Pfeifend und suchend umkreise sie das Haus, fand jedoch nichts – was nicht verwunderlich ist. Finden Sie mal einen Vogel von der Größe eines Beos, der im dichten Laub sommerlicher Bäume sitzt und schweigt!

Gegen Mittag kam dann ein Nachbar gerannt mit der Meldung, auf seinem Balkon säße eine kleine Krähe mit gelbem Schnabel, und der Frage, ob sie uns gehöre. Ja sicher, meinte meine Frau, das sei unser Beo Peter, den sie schon stundenlang gesucht habe; ob sie rüberkommen und ihn einfangen könne. Der Nachbar hatte nichts dagegen – wohl aber der Beo. Als meine Frau auf den Balkon trat, flog er aufs Dach. Meine Frau, die ihn vom Balkon aus dort nicht sehen konnte, ging wieder auf die Straße. Daraufhin flog der Beo wieder auf den Balkon. Dieses Spiel ging eine ganze Weile so weiter. Da der Nachbar einige Katzen hielt, und sie zu Recht deshalb um den Beo bangte, machte meine Frau das Hin und Her länger mit, als ihr eigentlich lieb war – schließlich aber ließ sie den Beo auf dem Dach, beziehungsweise auf dem Balkon sitzen, empfahl dem Nachbarn, sie zu rufen, wenn sich etwas Einschneidendes ereignen würde, und verließ den Schauplatz. Am Nachmittag rief ich einmal zu Hause an, um zu erfahren, wie die Sache mit Peter stünde, vernahm aber nur etwas Unfeines und die Mitteilung, allerlei ungewaschenes Geschirr warte auf mich.

Peter muß dann endlich doch Hunger bekommen haben. Er tauchte auf dem Dach seiner Voliere auf, hüpfte dort unruhig umher und meiner Frau ruck-zuck auf die Hand, als sie, nachdem sie ihn bemerkt hatte, mit einer Schüssel Obst zu ihm ging. Er ließ sich ohne weiteres in die Voliere bringen, fraß sich voll und benahm sich so, als sei nichts gewesen. Als ich am Abend heimkam, war ich natürlich froh, den Beo wieder dort zu finden, wo er hingehörte. Und die Empfehlung, ich solle doch nächstens mit dem Füttern so lange warten, bis ich gänzlich ausgeschlafen sei, nahm ich mir auch zu Herzen.

Grundregeln für Haltung und Pflege

Elektrischer Schlag und Verbrennungen

Ein Beo kann nicht wissen, daß eine eben ausgeschaltete Herdplatte noch heiß ist oder ein Toaster in Betrieb unter Strom steht. Landet er auf solchen Haushaltsgeräten, so verbrennt er sich die Füße oder gerät in den Stromkreis. Auch elektrische Heizöfen zählen zu diesen Gefahrenquellen. Der Beo muß gar nicht darauf landen wollen; die rotglühenden Drähte mögen ihn dazu verlokken, nach ihnen mit dem Schnabel zu pikken. Vergewissern Sie sich daher, ob gefährliche Geräte abgeschaltet oder für den Vogel unerreichbar fortgeräumt sind, bevor Sie Ihren Schützling fliegen lassen.

Stromkabel können Todesgefahr bedeuten! Sorgen Sie immer dafür, daß Ihr Beo nicht mit einem elektrischen Kabel spielen kann.

Sonstige Gefahren

Ein Zimmer oder eine Wohnung birgt noch einige weitere Gefahrenquellen als die bereits genannten. Große Vasen, Wassertöpfe und andere größere Gefäße, die nicht abgedeckt sind, aber Wasser enthalten, wurden schon für so manchen Vogel zur Todesfalle. Beim Versuch, in solchen Gefäßen zu baden oder daraus zu trinken, rutschen sie am glatten Rand ab, fallen hinein und können sich nicht mehr befreien; sie ertrinken.

Beos, die sehr zahm sind und versuchen, ihrem Pfleger möglichst überallhin zu folgen, kommen oft gerade deswegen um. Gehen Sie etwa aus dem Zimmer, in dem sich der Beo aufhält, und schließen die Türe hinter sich, ohne darauf zu achten, ob der Vogel Ihnen nachgeflogen kommt, dann quetschen Sie ihn sehr leicht ein. Wenn er unbemerkt auf dem Boden hinter Ihnen herhüpft oder Ihnen entgegenhüpfen will, kann es schnell geschehen, daß Sie auf ihn treten. Und sagen Sie Ihren ankommenden Besuchern unbedingt rechtzeitig Bescheid, daß Ihr Vogel gerade in der Wohnung frei fliegt. Manch einer, dessen nicht gewärtig, erschrickt beim plötzlichen Anflug des Beos, macht abwehrende Armbewegungen und trifft den Vogel mit Schwung in der Luft. Ein unsanfter Absturz ist dabei noch die harmloseste Folge. Zum Schluß noch eine Gefahrenquelle: Nähgarn und Strickwolle. Vögel lassen sich durch derlei Geschlinge reizen, damit herumzuspielen. Teils wollen sie probieren, ob es sich um Freßbares handelt, teils versuchen, ob sich das Material zum Nestbau verwenden läßt. Aber sehr schnell legt sich eine Schlinge um den Vogelhals – dann ergeht es dem Beo wie Hans Huckebein: Er hängt sich auf.

Wichtig ist daher: Wenn Sie im Zimmer bleiben, in dem Ihr Beo fliegt, kann wenig passieren, weil Sie ihn unter Aufsicht haben. Lassen Sie ihn also möglichst nie allein beim Freiflug – und wenn, dann nur für kurze Zeit. Damit beugen Sie allen Unglücksfällen am besten vor.

Grundregeln für Haltung und Pflege

Gefahrenkatalog Gefahrenquelle	Auswirkung
Fensterscheiben, Glasscheiben und Glaswände	Gehirnerschütterung, Schädel- oder Genickbruch
Türen, offene Fenster, offene Türen	Einklemmen Entkommen

Herd, Heizofen, Toaster u. ä.	Verbrennungen
Elektrische Kabel, Steckdosen	Stromschlag
Hohe Gefäße, Vasen, Töpfe, Eimer mit Wasser	Ertrinken
Gefüllte Waschbecken, Wannen	Ertrinken
Gestricktes und Gehäkeltes	Verfangen mit den Krallen, Erhängen
Strickgarn, dünner Bindfaden u. ä.	Erdrosseln durch Schlingenbildung
Spalten zwischen Wand und Möbelstücken	Abrutschen, Einklemmen

Gefahrenkatalog Gefahrenquelle	Auswirkung
Harter Fußboden	Bei nicht voll flugfähigen Vögeln, die hart aufprallen: Beinbrüche, Brustquetschungen, Flügelverletzungen
Ungeeignete Maschenweite bei Volieren, Drahtabstände bei Käfigen und Volieren	Durchstecken des Kopfes, Erdrosseln, Verklemmen
Zu dünner, scharfer Draht	Zehen- und Kopfverletzungen
Zu dünne Sitzstangen	Auswachsen der Krallen
Verrosteter Draht, Löcher	Entkommen
Offene Rohre, Röhren u. ä.	Abrutschen, Ersticken, Verklemmen. Besonders Höhlenbrüter suchen gern solche engen Schlupfwinkel auf, aus denen sie dann aus eigener Kraft nicht mehr herauskommen.
Scharfe Drahtenden, Nägel; Holzsplitter	Verletzungen, Stichwunden
Ungenügend befestigte Sitzstangen, Äste	Erschlagen, Brüche
Menschenfuß	Zertreten

Grundregeln für Haltung und Pflege

Ein Kind als Bezugsperson

Kinder, vor allem Kleinkinder, haben keine Vorstellung davon, was einen Beo alles in Angst und Schrecken versetzen kann. Wenn sie dann plötzlich, durchaus in guter Absicht und voller Interesse, mit einem Spielzeugauto über die Käfigstäbe fahren oder auch nur etwas stürmisch dem Vogel nahe kommen möchten, dann gerät der Beo in Panik. Denken Sie auch daran. Leicht wird der Annäherungsversuch der Kinder vom Beo »bestraft« und mit der Freundschaft ist es ein für allemal vorbei. Vor Schreck etwa, wenn der Beo in den hingehaltenen Kinderfinger zwickt oder sich plötzlich flatternd und kreischend auf der Kinderschulter niederläßt. Im allgemeinen sind Beos natürlich gerade für Kinder eine große Attraktion. Wie viele staunende Kinderaugen habe ich gesehen und wieviel Lachen gehört, wenn ein Beo so unerhört täuschend seinen Schatz an Worten und Sätzen von sich gibt. Und nach einiger Zeit werden Sie Ihren Beo gut genug kennen, um zu wissen, ob Sie es zulassen können, daß er auch Kindern auf Hand oder Schulter fliegt.
Grundsätzlich gilt aber zunächst bei jeder Begegnung zwischen Vogel und Kind (das trifft gleichzeitig für alle Kleintiere zu): Vorsicht, Ruhe, genaues Beobachten, wie sich beide Seiten verhalten und, bei Beunruhigung des Vogels, Entfernen der Störung.

Der Beo und andere Heimtiere

In der Reihe möglicher Haus- oder Heimtiere sind Vögel wie Beos als kleinere Tiere fast immer das schwächste Glied in der Kette. Unnötig fast, darauf hinzuweisen, daß Hund und Katze als weitere Hausgenossen eine Gefahr darstellen.

Hund und Beo

Ihr Hund muß schon äußerst gutmütig sein und jedem Ihrer Befehle gehorchen, wenn er sich nicht für solch ein Flatterwesen interessiert. Mit »interessieren« meine ich, daß er einmal zuschnappt, sollte der Beo respektlos vor seiner Nase herumhüpfen oder ihm gar auf den Rücken oder auf den Kopf fliegen. Sie werden Ihren Hund gut genug kennen, um zu wissen, was Sie ihm zutrauen dürfen. Kommt der Beo neu ins Haus, gewöhnen Sie die beiden langsam aneinander. Der Beo wird zunächst vor dem Hund Angst haben, der Hund wird leicht eifersüchtig werden. Solange der Beo in seinem Käfig bleibt, ist er relativ sicher. »Relativ« deswegen, weil ein größerer Hund auch einen größeren Käfig umstoßen kann, wobei unter Umständen dessen Türe aufgeht und der Beo auskommt. Dann kann ihn der Hund leicht schnappen. Bedeuten Sie Ihrem Hund von Anfang an, daß der Beo »pfui« ist, aber streicheln Sie den Hund weiter, damit er sich nicht vernachlässigt fühlt. Mit der Zeit wird sich ein normal veranlagter Hund mit dem neuen Hausgenossen abfinden und sich bald nicht mehr für ihn interessieren. Wie gesagt, solange er im Käfig bleibt. Bei Freiflug sieht die Sache schon anders aus. Das regt den natürlichen Jagd- und Fangtrieb des Hundes an, und ein unvermutetes Zuschnappen ist dann die Folge. Lassen Sie daher Hund und Beo niemals alleine in einem Zimmer, außer die beiden haben sich wirklich angefreundet. Für Katzen gilt dasselbe in verschärftem Maße.

Grundregeln für Haltung und Pflege

Vorsicht mit Katzen, Kaninchen, Meerschweinchen
Ihre Katze müßte ein Wunderwesen sein, sollte sie kein Interesse am Beo zeigen. Vielleicht haben Sie aber auch Kaninchen oder Meerschweinchen als Mitbewohner. Sie sollten sich nicht darauf verlassen, daß diese Tiere unbedingt zu den harmlosen zählen. Ich habe erlebt, wie ein Hauskaninchenbock über eine zahme Dohle herfiel und sie umgebracht hätte, wäre ich nicht dazwischengesprungen. Auch Meerschweinchen können zubeißen – aus Angst, aus Schreck oder weil sie einfach ihr Revier verteidigen wollen. In der Regel sind Beos nicht so unvorsichtig, sich in die Gefahr des Geschnapptwerdens zu begeben, und halten instinktiv Abstand von Hunden, Katzen und anderen Säugern. Wenn sie aber jung aufgezogen wurden und das in Gegenwart anderer Haustiere, so sind sie unter Umständen so an diese gewöhnt, daß sie jede Scheu auch vor ihnen unbekannten Tieren vermissen lassen. Vor allem in solchen Situationen kommt es leicht zu Unglücksfällen.

Beos und andere Vögel gemeinsam in einer Voliere

Vergesellschaftung mit anderen Vogelarten
Bei meinen eigenen Beos – es waren immerhin fünf oder sechs im Laufe der Jahre – gab es niemals Schwierigkeiten bei der Vergesellschaftung mit anderen Vogelarten in den Volieren. Eine Voliere ist meistens auch so geräumig, daß die Bewohner einander ausweichen können (→»Unterbringung in Käfig oder Voliere«, Seite 21). Außerdem sind Beos eher friedliche Vertreter der Vogelwelt. Trotzdem können aber beispielsweise Bruten kleinerer Arten durch Beos gestört oder vernichtet werden.

Beos können kleinen Vögeln schaden
Brüten zum Beispiel Kanarienvögel in einer Voliere, die auch von einem Beo bewohnt wird, werden unter Umständen deren Junge von ihm verspeist. Auch schon Nester oder Eier mögen Schaden nehmen, wenn sich der Beo darüber hermacht.
In kleineren Käfigen sollten Sie keinen Beo mit wesentlich kleineren Vogelarten zusammen halten. Diese sind dann schon alleine durch die Anwesenheit des großen Vogels beunruhigt, und es ist nicht auszuschließen, daß der Beo doch einmal so einen kleinen Mitbewohner umbringt.

Mehrere Beos in Voliere oder Käfig
Für Beos untereinander gilt das eben Gesagte nicht. In Flugvolieren hat es – soweit ich das erlebt habe – niemals Schwierigkeiten gegeben, wenn ein neuer Beo zu einem alteingesessenen hinzukam. Entweder die Vögel beachteten einander kaum, oder sie schlossen sich über kurz oder lang einander an. Da sie ja auch im Freiland gesellig leben, tun sie dies im allgemeinen auch in der Voliere. Wollen Sie zwei Beos in einem Zimmerkäfig zusammenbringen, sollten Sie dagegen die beiden erst einige Zeit getrennt in zwei Einzelkäfigen halten, um sie aneinander zu gewöhnen.

Wenn Sie verreisen

Wenn Sie verreisen wollen und dies über längere Zeit, so müssen Sie rechtzeitig überlegen, was mit Ihrem Beo geschehen soll. Einem Vogel ist die ihm vertraute Umge-

Grundregeln für Haltung und Pflege

bung wichtiger als ein Urlaub.
Sie haben ohnehin nur zwei Möglichkeiten:
entweder, Sie nehmen den Beo mit, oder Sie
lassen ihn zu Hause.

**Unterbringung und Versorgung während
Ihrer Abwesenheit**
Lassen Sie ihn zu Hause, dann muß für eine
Vertretung in der Fütterung und Pflege ge-
sorgt werden. Und zwar für eine zuverlässi-
ge Vertretung. Ein Beo, der gewohnt ist,
daß Sie viel mit ihm zusammen sind, wird
nicht glücklich sein, wenn die Sie vertreten-
de Person nur einmal am Tag zum Füttern
und Säubern des Käfigs erscheint und ihn
ansonsten alleine läßt. Nichts ist für einen
anhänglichen Vogel schlimmer, als wenn er
plötzlich vom bekannten und geliebten Menschen verlassen wird und wochenlang alleine
herumsitzen muß.
Finden Sie also keine Person, die sich tagsüber ausgiebig mit dem Beo beschäftigen
kann, so ist es besser, wenn Sie ihn samt seinem Käfig bei anderen Leuten unterbringen.
Er wird sich dort bald einleben und sich mit
der neuen Umgebung abfinden, solange er
in dem ihm vertrauten Käfig bleiben kann.
Natürlich sollten Sie dem »Ersatzpfleger«
genau sagen, wie Sie selbst den Beo versorgt
haben, wie Sie mit ihm sprechen, was er besonders gerne mag und was er gar nicht
schätzt. Dann wird ihm der gewohnte Tages-
ablauf über die Trennung von Ihnen hin-
weghelfen.

Mit dem Beo unterwegs
Können und wollen Sie den Beo mitnehmen
auf die Reise, so ist dies nur sinnvoll, wenn
Sie in Ihrem Urlaub an einen Ort fahren, an
dem Sie bleiben. Ein Von-Hotel-zu-Hotel-
Urlaub bekommt dem Vogel mit Sicherheit

nicht. Am Urlaubsort sollte ihn ein Käfig er-
warten, der dem seinigen daheim wenigstens
in etwa entspricht; und zwar in Größe und
Innenausstattung. Ist das nicht möglich, so
haben Sie beim Einsetzen in den neuen, unbekannten Käfig ähnliches zu beachten wie
beim Einsetzen des Beos nach der Anschaffung in seinen Käfig bei Ihnen daheim
(→Seite 21).
Die Reise selbst, sei es im Auto oder mit
der Bahn, ist für den Beo stets mit Aufregung verbunden. In das Auto läßt sich auch
ein größerer Beokäfig noch stellen, wenn
entsprechender Platz vorhanden ist. Geht
das nicht, müssen Sie den Vogel zum Trans-
port in eine kleine Schachtel oder in ein
Kistchen packen. (Aber bitte niemals in einen Plastikbehälter!) Dort hält er es schon
ein paar Stunden aus. Viele kleine Luftlö-
cher müssen in diesem Transportbehälter
sein, damit genügend Luft eindringen kann,
aber wenig Licht einfällt. Im Dunkeln bleibt
der Beo ruhiger. Glauben Sie nicht, daß es
ihm Vergnügen bereitet, aus dem Fenster
schauen zu können. Die vorbeirasende
Landschaft regt ihn nur auf. Decken Sie
deswegen auch einen Käfig mit einem Tuch
zu. Aber achten Sie unter allen Umständen
darauf, daß es dem Beo nicht zu heiß werden kann. Lassen Sie ihn nie im geschlosse-
nen Auto in der Sonne stehen! Selbstver-
ständlich muß der Beo während einer länge-
ren Reise mindestens alle zwei Stunden Gelegenheit haben, zu fressen und zu trinken.
Machen Sie Rast an einer ruhigen Stelle,
nehmen Sie die Decke vom Käfig ab, kontrollieren Sie, ob alles in Ordnung ist, und
lassen Sie den Vogel sich erholen.

Grundregeln für Haltung und Pflege

Fahrten über die Landesgrenze

Wenn Sie mitsamt Ihrem Vogel eine Grenze passieren müssen, werden Sie im allgemeinen keine Schwierigkeiten haben. Im Trubel des Ferienverkehrs kommen Sie meist ohne genauere Kontrollen über die Grenze. Immerhin gibt es Zollbeamte, die ihren Dienst genau nehmen und auch mitreisende Haustiere sorgfältig kontrollieren.

Bei Papageien und Hausgeflügel (also Hühnern, Enten, Gänsen und anderen) benötigen Sie auf jeden Fall ein amtstierärztliches Gesundheitszeugnis, worin bestätigt wird, daß die Tiere frei sind von ansteckenden Krankheiten. Für andere Vogelarten ist es gesetzlich nicht vorgeschrieben, aber das wissen manche Zollbeamte nicht so genau. Wollen Sie ganz sichergehen, daß Sie alles richtig machen, so erkundigen Sie sich vorsichtshalber einige Wochen vor Antritt der Reise bei dem für Ihren Wohnsitz zuständigen Amtstierarzt oder dem Ordnungsamt, ob Sie für das Land, in das Sie einreisen möchten, ein Gesundheitszeugnis für den Beo haben müssen. Erkundigen Sie sich gleichzeitig, ob ein solches von den deutschen Grenzbeamten bei Ihrer Rückkehr gefordert wird. Die Bestimmungen sind von Land zu Land verschieden. Und denken Sie sich eine gute Entschuldigung aus, falls Ihr Beo dem Zollbeamten, der seinen Käfig aufdeckt, lautstark und fröhlich ein »Na, du alter Gauner« entgegenschmettert.

Die richtige Ernährung

Wie der Beo sein Futter zu sich nimmt

Beos sind Weichfresser, das erwähnte ich schon. In der Natur gehören in erster Linie Früchte aller Art zu ihrer Nahrung. Daneben nehmen sie Insekten und, wenn auch seltener, kleine Wirbeltiere zu sich. Samen mögen Beos nicht. Die Nahrung wird mit dem kräftigen Schnabel gepackt. Ist sie zu groß, um geschluckt werden zu können, versucht der Beo durch Schnabelknautschen und Kopfschütteln ein Stück »abzubeißen«.

Beos sind Weichfresser; sie zeichnen sich oft durch eine sehr »schlampige« Art der Nahrungsaufnahme aus. Der Käfig und seine Umgebung müssen deshalb täglich gründlich gereinigt werden.

Dieses mundgerechte Stück wird dann mit einem Ruck in den Schlund befördert und im ganzen verschluckt. Es ist erstaunlich, wie breit und weit der Schlund eines Beos werden kann, und was für große Brocken er hinunterwürgt. Eine Kirsche verschlingt er mit Leichtigkeit. Sie brauchen keine Angst zu haben, daß er dabei erstickt. Brocken,

die ihm nicht passen, würgt er schnell wieder heraus, zerkleinert sie weiter oder bringt sie in eine bessere Rutschlage.

Früchte und Insektennahrung

Fruchtnahrung enthält viel Wasser, wenig Ballaststoffe, die unverdaut bleiben, und hat wenig Nährwert. Insekten, und das sind für den normalen Beohalter vor allem Mehlwürmer, die Larven des Mehlkäfers, die Sie im Zoohandel bekommen, haben hohen Nährwert, enthalten viel Fett und auch Ballaststoffe, das Chitin. Zuviele Mehlwürmer schaden deshalb; zehn bis fünfzehn am Tag sind reichlich. Sie sind außerdem teuer, und der Beo braucht sie auch nicht unbedingt. Sie sollten als besondere Leckerbissen vorbehalten bleiben. Andere Insekten in ausreichender Menge lassen sich bei uns schlecht beschaffen. Lebt der Beo in einer Freivoliere, wird er sich das eine oder andere Kerbtier selbst fangen. Bekommt ein Beo hauptsächlich Früchte, so wird er viel davon zu sich nehmen. Bananen, Kirschen, Weintrauben, gehackte Äpfel, Birnen und Melonen, Erdbeeren, Himbeeren, Wacholderbeeren, Vogelbeeren, Stachelbeeren – die Auswahl ist groß; von allem kann reichlich angeboten werden. Aber, diese Nahrung wird äußerst schnell verdaut und viel Nährwert steckt nicht darin. Wir müssen ihm also möglichst einen Ersatz für seine Insektennahrung und die kleinen Wirbeltiere bieten. Ausschließlich auf Obstrationen gesetzt, wird der Vogel sonst über kurz oder lang Mangelerscheinungen zeigen. Hier bietet sich Magerquark an und/oder in Streifen geschnittenes Magerfleisch. Sehr gut ist Rinderherz. Auch gehacktes Rindfleisch – allerdings ohne jegliches Fett – ist für den Beo sehr bekömmlich, und er schätzt es. Fett ist in keinem Fall zu empfehlen, denn es macht den Vogel selbst fett.

Die Hauptfutter-Mischung

Ich habe für meine Beos folgende Mischung zusammengestellt, die als Hauptfutter verwendet werden kann, und mit der ich über viele Jahre die beste Erfahrung machte:
500 g Magerquark
2 Bananen
2 Händevoll Haferflocken
2 Händevoll Weichfresserfutter (in Zoohandlungen erhältlich)
Dies vermengen Sie in einer Schüssel und kneten es ordentlich durch. Die Mischung soll am Schluß die Konsistenz eines Semmelknödels haben. Ist sie zu pappig, so daß sie Ihnen zwischen den Fingern kleben bleibt, so enthält sie zu viel Quark oder Banane, und Sie müssen Haferflocken zugeben. Ist sie zu trocken, so daß sie beim Kneten auseinanderbröckelt, fehlt Quark oder Banane.
Aus dem fertigen Teig formen Sie nun semmelknödelgroße Kugeln. Sie müßten aus der oben angegebenen Menge ungefähr 4 bis 5 Knödel formen können. Ihr Beo wird etwa einen davon pro Tag verspeisen und »verschleudern«. Die restlichen Knödel legen Sie zugedeckt oder in Alufolie eingewickelt in den Kühlschrank, so bleiben sie frisch und trocknen nicht aus. Auf diese Weise haben Sie gleich das Futter für vier bis fünf Tage vorbereitet. Das ist ein Vorteil dieser Beoknödel. Außerdem können Sie den Teig noch mit verschiedenen Zutaten variieren. Beispielsweise können Sie Honig in kleinen

Mengen oder ungespritzte Rosinen (Reformhaus) zufügen, auch Vitamine und Futterkalk. Die Bananen lassen sich ergänzen oder ersetzen durch anderes Obst, das natürlich auch ungespritzt sein sollte.

Beos brauchen abwechslungsreiche Kost

Abwechslung ist stets gut und wichtig. Ich habe meinen Beos die Knödel in oben beschriebener Form verabreicht und *zusätzlich*, in einer zweiten Futterschüssel, dann noch anderes Obst in frischem Zustand angeboten.

Diese Kunststoffnäpfchen eignen sich sowohl für Futter als auch für Wasser und lassen sich an beliebigen Stellen im Käfiggitter einhängen.

Fleisch sollten Sie auch unvermischt geben und zunächst einmal beobachten, ob Ihr Vogel es überhaupt anrührt. Nicht jeder Beo frißt alles und jedes. Häufig ist die Geschmacksrichtung eines Vogels schon dadurch geprägt und bestimmt, wie er in seiner Jugendzeit gefüttert wurde, oder durch das, was er bekommen hat, bevor Sie ihn erhielten. Sie werden rasch herausfinden, für welche Nahrung Ihr Beo ein Faible hat und was er nur in die Ecke schleudert. Letzteres lassen Sie dann weg.

Die richtige Ernährung

Die Futtermenge

Wieviel Sie dem Beo pro Tag an Nahrung geben müssen und dürfen, hängt von verschiedenen Umständen ab. Beos, die Freiflug in Voliere oder Zimmer haben können, brauchen mehr als solche, die in kleinen Käfigen sitzen. Der Große Beo braucht mehr als sein kleiner Vetter, der Kleine Beo. Füttern Sie viel Obst und wenig Nahrhaftes, dann müssen Sie davon mehr geben. Ich nannte schon als Durchschnittsmaß einen Knödel pro Tag. Das traf für meine in Freivolieren lebenden Beos zu. Ein Patentrezept für die Nahrungsmenge Ihres Beos kann ich

Ein Trinkautomat, der sich für den Beokäfig eignet; er ist so tief, daß der Vogel seinen Schnabel eintauchen und bequem mit Wasser füllen kann.

nicht geben. Auch hier müssen Sie zunächst selbst beobachten, um die richtige Futtermenge herauszufinden. Bleibt von der Tagesration etwas übrig, so füttern Sie auf jeden Fall zuviel. Geben Sie dann weniger Hauptfutter-Mischung und mehr Obst. An Obst kann sich ein Beo nie überfressen und damit auch nicht verfetten. Hat Ihr Beo mittags schon seine Schale leergepickt, so wird er Ihnen durch Unruhe und Suchen nach Futter anzeigen, daß er noch Hunger hat.

Fertigfutter – Beifutter

Es gibt heute im Zoohandel auch Beo-Fertigfutter, ein Preßfutter, wie Sie es seit einigen Jahren schon für die verschiedenen Kleintiere bekommen können. Als Zusatz mag es gut sein, es soll auch den Kot etwas dicker halten. Als Alleinfutter empfehle ich es nicht. Das ist so, als wenn wir statt Schnitzel und anderer guter Dinge nur Pillen mit Geschmack essen müßten. Nochmals sei gesagt: Abwechslung und Vielfalt in der gebotenen Nahrung ist nur vorteilhaft!

Das Trinkwasser

Beos trinken gern und viel. Sorgen Sie dafür, daß der Trinkwassernapf stets sauber ist und sauberes Wasser enthält. Wechseln Sie dieses, wenn nötig, mehrmals am Tage. Sie können übrigens dem Trinkwasser Vitamine (wasserlöslich) zusetzen. Lassen Sie sich dabei von einem Tierarzt beraten.

Beo-Zucht – Aufzucht

Obwohl Beos heute in fast allen Zoologischen Gärten und von vielen privaten Liebhabern gehalten werden, pflanzen sie sich in Gefangenschaft nur sehr selten fort. Die erste Zucht gelang der Kerton-Farm in England im Jahr 1957. Es ist sehr wenig darüber bekannt, welche Voraussetzungen für eine Nachzucht geschaffen werden müssen und was sich im einzelnen abspielt, wenn Beos sich paaren. Woran mag es liegen, daß gerade die Fortpflanzung dieser zahmen und vertrauten Vögel außerhalb der Freiheit so schwierig ist? Vielleicht gerade *wegen* dieser Vertrautheit!

Wir wissen von vielen Vögeln und auch Säugetieren, die vom Menschen aufgezogen worden sind, daß sie mit den eigenen Artgenossen keine Verbindungen mehr eingehen. Sie betrachten den menschlichen Partner dann als Artgenossen, der wirkliche ist ihnen fremd. Der Verhaltensforscher bezeichnet das so: Solche Tiere sind auf den Menschen geprägt. Das mag also ein Grund für das Mißlingen einer Nachzucht sein.

Schwierigkeiten der Geschlechtsbestimmung

Natürlich muß ein Paar, also ein Weibchen und ein Männchen, zusammensein, damit es überhaupt zur Aufzucht von Jungen kommt. Da sich nun aber Männchen und Weibchen äußerlich nicht voneinander unterscheiden lassen, zwei Vögel des gleichen Geschlechts sich andererseits durchaus so verhalten können, als wären sie ein Paar, ist eben das Zusammenbringen eines wirklichen Brutpaares Glückssache.

Meinen Beo Peter hatte ich schon acht Jahre, ohne zu wissen, welchen Geschlechts er

war. Dann bekam ich einen zweiten Beo, der sich äußerlich durch nichts von Peter unterschied. Nur dadurch, daß Peter sprach und der andere nicht, konnte ich die beiden auseinanderhalten. Zwischen den Vögeln, die in einer Voliere lebten, schien sich auch nichts weiter »anzubahnen«. Der neue war

Beo-Männchen und Beo-Weibchen kann man äußerlich nicht voneinander unterscheiden. Lassen Sie sich nicht täuschen: Auch zwei Vögel des gleichen Geschlechts können sich wie ein Paar verhalten.

eher scheu, und sobald ein Mensch in die Nähe der Voliere kam, flog er in die hinterste Ecke.

Um so größer mein Erstaunen, als ich eines Tages im Monat Juni in einem der Nistkästen Beo-Eier entdeckte, die offensichtlich auch bebrütet wurden, denn sie waren warm. Ich brachte schließlich durch unauffälliges Beobachten heraus, daß sowohl Peter als auch der andere Beo brüteten. Peter war mir gegenüber auch ausgesprochen giftig, er griff mich am Kopf und an den Händen an, wenn ich mir am Nistkasten zu schaffen machte, und zwickte mich gehörig. Was ich nie herausbrachte – und die beiden produzierten in der kommenden Zeit noch mehrere Gelege – war, welcher der beiden Vögel die Eier legte. Die Eier blieben auch stets unbefruchtet; wahrscheinlich hatte ich es mit zwei Weibchen zu tun. Beos sollen ja nur zwei bis drei Eier legen. Hier fanden sich aber vier bis fünf in einem Gelege. Vermutlich legten beide Weibchen Eier und bebrüteten sie gemeinsam, wobei natürlich keine Jungen ausschlüpfen konnten. So blieb die zunächst wachgerufene Hoffnung auf Beonachwuchs unerfüllt.

Was wird für die Beozucht gebraucht?

Immerhin könnte ja bei der Haltung mehrerer Beos in einer Voliere einmal ein Zuchtversuch unternommen werden. Dann müssen Sie einige Voraussetzungen dafür schaffen und, wenn es tatsächlich zur Fortpflanzung kommen soll, einiges darüber wissen und beobachten.
Beos sind Höhlenbrüter (→Seite 18). Sie brauchen also einen entsprechenden Nistkasten zur Brut (auch wenn sie nicht brüten, suchen sie solche Nistkästen gerne zum Übernachten auf). Der Nistkasten sollte innen einen Hohlraum haben, der etwa 20×20×20 cm mißt, und das Einschlupfloch muß – der Größe des Vogels entsprechend – gerade so weit sein, daß der Beo leicht durchschlüpfen kann. Wo Sie den Nistkasten aufhängen und wie, spielt ebenfalls eine Rolle. Hängen Sie ihn möglichst hoch unter ein regenabweisendes Dach und mit dem Einschlupfloch möglichst nach

Osten. Regen und Wind kommen in unseren Gegenden meist von Westen, so daß der Wind den Regen durch das Schlupfloch ins Innere bläst, wenn dieses nach Westen gerichtet ist.

Wie der Nistkasten beschaffen sein soll

Es gibt heute im Handel künstliche Höhlen aus Holzbeton für alle möglichen Vogelgrößen. Holzbeton ist deshalb besser als Holz (woraus Sie natürlich selbst Nistkästen basteln können), weil er beständiger bleibt, die

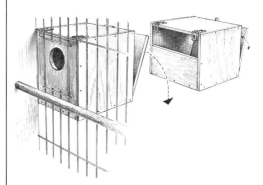

Der ideale Nistkasten: Die Innenmaße sollten mindestens 20×20×20 cm betragen; das Einschlupfloch muß so groß sein, daß der Beo gut hinein- und herausschlüpfen kann. Praktisch: die Rückwand zum Aufklappen.

Nisthöhle leichter zu reinigen ist und Parasiten (→Seite 58) weniger Versteckmöglichkeiten bietet.
Abzulehnen sind Nistkästen aus Plastik! Sie werden im Sommer zu heiß, und im Winter sind sie zu kalt. Holzbeton wirkt dagegen zu allen Jahreszeiten isolierend. Holzbeton-Nistkästen speziell für Beos gibt es bei uns nicht. Sie sind für heimische Vögel gedacht.

Beo-Zucht – Aufzucht

Die Nistkästen für unsere Stare haben für Mittel- und Großbeos einen zu kleinen Eingang. Da paßt nur ein Kleiner Beo hinein. Passend für die beiden größeren Arten sind Holzbeton-Nistkästen, die für Turmfalken oder Hohltauben gedacht sind. Sie können diese Nistkästen in Samenhandlungen und anderen Geschäften für Gartenbedarf kaufen oder bestellen, aber auch direkt bei der Firma Schwegler, Heinkelstraße 35, 7060 Schorndorf.

Meine Beos hatten die nicht sehr schöne Angewohnheit, beim Übernachten in die Kästen zu koten. Da bedarf es dann von Zeit zu Zeit einer gründlichen Reinigung, soll sich der Beo nicht sein ganzes Gefieder verschmutzen. Darauf müssen Sie achten.

Das richtige Nistmaterial

Nun zum Nistmaterial. Die meisten Starenvögel bauen recht schlampige und umfangreiche Nester, soweit die Nisthöhle dies zuläßt. Es ist ein ziemlich wirrer Haufen aus Gras, Heu und Blättern, der da eingetragen wird. Meine beiden Beos benützten kleine Zweige als Nistmaterial, die zum Teil so hart waren, daß die Eier zerbrachen. Als ich das bemerkte, polsterte ich selbst das Nest mit Heu aus und legte die Eier da hinein. Sie müssen also für geeignetes Nistmaterial in der Voliere sorgen, beziehungsweise auch selbst nachhelfen, wenn die Beos nicht richtig bauen.

Bebrüten – Ausschlüpfen der Jungen – Aufzucht

Über die Brutzeit der Beos ist mir nichts bekannt. Sie dürfte aber zwischen vierzehn und achtzehn Tagen liegen. Aus Eiern, die schon über zwanzig Tage bebrütet wurden, kommt sicherlich nichts mehr heraus.

Wenn Beos brüten, vermeiden Sie möglichst Störungen am Nest. Zügeln Sie Ihre eigene Neugierde; kontrollieren Sie die Nisthöhle nur alle zwei bis drei Tage und möglichst nur dann, wenn sich kein Vogel darin befindet. Irgendwann kommt der brütende Beo heraus, um zu fressen, zu trinken oder zu baden; dann sollten Sie nachsehen.

Wenn nun tatsächlich Junge schlüpfen, muß entsprechendes Aufzuchtfutter angeboten werden. Es liegen leider gerade über Beo-Aufzuchten kaum Erfahrungen vor. Richtet man sich aber danach, was andere Starenarten für die Jungenaufzucht brauchen, so wird folgendes verfüttert: Ameisenpuppen, Larven vom Mehlkäfer, gekochtes Ei, Weichfresserfutter. Dazu, wenn möglich, Heuschrecken, Raupen, Engerlinge, Fliegen und andere Insekten.

Die Beschaffung dieser Insektennahrung ist schwierig. Ob Beos vielleicht die Jungen auch mit Beoknödeln (→Seite 39) füttern, ist die Frage, und ob dies den ganz kleinen Jungen bekommt, eine andere. Hier ist noch vieles Neuland.

Die Nestlingszeit der Jungen dürfte etwa zwanzig Tage dauern. Nach dem Ausfliegen werden sie noch einige Tage weiter von den Eltern gefüttert, bis sie allmählich lernen, selbst Futter aufzunehmen. Wahrscheinlich können zwei Bruten im Jahr aufgezogen werden.

Die Haltung eines Beopaares oder mehrerer Beos geht fast immer auf Kosten der Nachahmefreudigkeit der menschlichen Stimme. Die Vögel sind dann sozusagen zu sehr mit anderen Dingen beschäftigt.

Um an seine Hauptnahrung »Baumfrüchte« bes- ▷
ser heranzukommen, hat sich der Beo zu einem
geschickten Kletterer entwickelt.

Wenn Sie einen Nestling bekommen

Sollten Sie das Glück haben, einen Beo zu
bekommen, der noch ein Nestling ist, der
also noch nicht fliegen kann, dann ist dies
die beste Voraussetzung zum Zahmwerden
und auch zum Nachahmen. Aber bei einem
solchen »Kind« müssen Sie ein paar Dinge
beachten, die für einen flugfähigen Vogel
nicht mehr nötig sind.

Unterbringung des Nestlings

Zunächst einmal muß ein Nestling anders
untergebracht werden als ein ausgewachse-
ner Vogel. Er braucht einen Nestersatz. Da
läßt sich ein kleiner Pappkarton oder auch
ein entsprechend großer Blumentopf leicht
als Nest herrichten. Sie füllen das Kunstnest
mit Heu oder Stroh (trocken und sauber)
und drücken eine etwa der Körpergröße des
Beos entsprechende Mulde hinein. In diese
kommt der Jungvogel. Da wird er auch zunächst bleiben.

Wie Sie den Jungvogel füttern

Der nestjunge Beo hat es noch nicht gelernt,
selber Futter aufzunehmen – er »sperrt«
noch –, und Sie müssen ihn füttern.
Was heißt »sperren«? Ein junger Nesthok-
ker sperrt seinen Schnabel auf, damit die Eltern ihm das Futter hineinstecken. Dieser
sehr wichtige Vorgang spielt im Familienle-
ben der Vögel eine nicht unbedeutende Rolle. Dadurch, daß der junge Vogel sperrt,
werden in der Regel leuchtend gelbe oder
rötliche »Farbsignale« im Racheninnenraum
sichtbar. Auch ein Wulst, der helle, verdick-
te Schnabelrand, den viele Nesthockerjunge
haben, gibt ein »optisches Signal«; zusammen mit der Rachenfärbung bedeutet es:
Hier hinein, bitte, mit dem Futter! Diese
Abzeichen sind für die Altvögel wichtige
Auslösersignale zur Fütterung. Verstärkt
werden sie noch durch die Bettellaute der
Jungen. Ein Jungvogel, der sehr hungrig ist,
wird sehr laut betteln und seinen Schnabel
weit aufsperren. Ist er satt, dann wird er still
und macht den Schnabel zu. So haben die
hungrigsten Jungen die beste Chance, als erste Futter zu bekommen, wenn ein Altvogel
mit einer Ladung davon zum Nest kommt.
Für Sie als Pflegeeltern ist es sicher gut, dies
zu wissen: Wenn Ihr kleiner Beo sperrt und
bettelt, dann ist er hungrig, bleibt er still,
dann ist er satt. Wenn er allerdings zu lange
still bleibt, vielleicht sogar mehrere Stunden,
dann ist er krank oder steht zu kalt.
Womit füttern Sie nun einen noch sperrenden Beo und wie bekommen Sie das Futter
in seinen Schnabel? Sie können praktisch
schon mit den auf Seite 39 beschriebenen
Beoknödeln beginnen. Wenn Sie dazu noch
Insekten füttern wie Heuschrecken, Heim-
chen, frischgehäutete (weiße) Mehlwürmer,
auch rohes und frisches Obst wie Trauben,
Pflaumen und ein wenig Orangenfleisch,
dann ist das ein guter Speiseplan für das
Vogelkind. Aber füttern Sie immer nur kleine Stückchen, bitte keine großen Brocken,
auch wenn der Rachen riesig erscheint. Sie
sollten sich zur Regel machen: Lieber häufig
am Tag – am besten stündlich – kleine Por-
tionen als nur ein- oder zweimal täglich große!
Nun ist es nicht ganz einfach, diese kleinen
Futterbröckchen mit der Hand, genauer, mit
den Fingern, in den Vogelschnabel hinein zu
bugsieren. Hierfür sind unsere Finger ein zu

grobes Werkzeug. Die Hälfte des Futters geht daneben, bald wird sich um den Schnabel herum ein Wall von Futter bilden. Das am besten geeignete Instrument zum Füttern eines sperrenden Beos ist eine Pinzette. Sie muß leichtgängig sein, das heißt, das Futter muß zwischen den beiden Greifenden leicht zu halten sein, ohne daß Sie diese Enden mit aller Gewalt zusammendrücken müssen; der vordere Teil muß abgerundet sein. Keinesfalls dürfen Sie eine spitze Pinzette benützen! Die Gefahr, daß entweder der Vogelkopf oder Ihre Hand in dem Augenblick eine fahrige Bewegung machen, in dem Sie mit der Pinzettenspitze im Schnabel sind, ist viel zu groß. Das kann dann böse Verletzungen im Schnabel geben.

So, nun haben Sie die richtige Pinzette mit einem kleinen Futterstückchen zwischen den Greifenden, der Beo bettelt und sperrt und reckt Hals, Kopf und Schnabel erwartungsvoll Ihrer Hand mit der Pinzette entgegen. Sie brauchen jetzt nur noch vorsichtig das Futter in den Schnabel zu führen und es loszulassen. Schlucken kann der Vogel allein, die Zunge, die an ihrem hinteren Ende frei ist, schiebt die Nahrung in den Schlund. Es ist also nicht nötig, daß Sie mit der Pinzette bis in den Vogelhals hineinfahren, oder gar noch weiter.

Mag der kleine Beo das, was Sie ihm gegeben haben, nicht, dann wird er mit schleudernden Bewegungen des Kopfes versuchen, es wieder loszuwerden. Gründe dafür gibt es verschiedene; entweder er ist satt, oder der Brocken ist ihm zu groß, zu kalt oder zu hart. Oder die Nahrung und damit deren Geschmack ist ihm neu. »Was der Bauer nicht kennt, das frißt er nicht« gilt durchaus auch für Tiere.

Meistens aber schluckt ein Vogel etwas, das neu für ihn ist, wenn es ihm schmeckt. Zwingen Sie Ihren Beo keinesfalls dazu, etwas zu nehmen, was er offensichtlich nicht mag. Es geht durchaus mit Gewalt, Sie brauchen das Futter nur weit genug in den Vogelhals zu schieben, dann kann er es nicht mehr ausspucken. Überlegen Sie sich aber stattdessen, ob er satt sein könnte, ob der Beoknödel vielleicht eiskalt ist, weil Sie ihn eben aus dem Kühlschrank genommen haben, oder ob er schon acht Tage alt ist und damit sauer.

Trotz dieser ziemlich langen Rede – die Fütterung ist selten problematisch bei Vögeln dieser Größenordnung, die zudem sowohl Obst als auch tierische Kost vertragen.

Nun geht ja Nahrung in einen Körper bekanntlich nicht nur hinein, sie kommt auch in Form ihrer unverwertbaren Reste wieder heraus. Bei den meisten jungen Nesthockern ist, um ein Verschmutzen des Nestes zu vermeiden, die Kotabgabe sehr sinnvoll gelöst: Der eher breiige Kot ist eingehüllt in ein elastisches Häutchen wie Müll in einen Plastiksack. Dieses »Paket« wird meist sofort nach einer Fütterung durch die Kloake ausgeschieden; darauf warten die Altvögel, nehmen es in den Schnabel und tragen es fort, um es erst in einiger Entfernung vom Nest fallenzulassen.

Zur Kotabgabe dreht sich der Jungvogel meist etwas im Nest herum, schiebt dann sein kleines Hinterteil in die Höhe auf den Nestrand und produziert sein Paketchen. Das können Sie sehr gut mit der Pinzette abnehmen und entfernen. Solange es, wie beschrieben, zwar breiig, aber umhüllt erscheint, ist dies das beste Zeichen dafür, daß mit dem Futter und der Verdauung alles stimmt. Vor allem bei einer Futterumstellung wird es allerdings zunächst etwas weniger fest sein – das ist aber noch kein Grund zur Aufregung. Nur wenn der Beo sehr dünnflüssig und blasig durchsetzt kotet, dann sollten Sie das Futter überprüfen. Der Beo wird auch noch sperren, wenn er schon sein Nest verlassen hat und fliegen kann (→Seite 49). Auch das ist normal, denn ausgeflogene Jungvögel werden durch die Eltern stets noch eine Weile weiter mit Nahrung versorgt. Nach und nach lernen sie aber, nebenbei auch selbständig Nahrung zu finden und aufzunehmen. Wenn Ihr Beo so weit ist, stellen Sie ihm immer ein wenig fertig zubereitetes Futter in seinen Käfig, an dem er sich »im Alleingang« versuchen kann.

Den noch sperrenden Jungvogel füttern Sie am besten mit einer vorn abgerundeten Pinzette. Geben Sie ihm mehrmals am Tag kleine Stückchen.

Ihr junger Beo verbraucht in der Zeit des ersten Federwachstums eine Menge Energie, die er nur mit der Nahrung aufnehmen kann; Sie müssen ihn also ausreichend füttern. Denn ein Zuwenig in dieser Zeit macht

sich später an den sogenannten Hungerstreifen in den Schwung- und Schwanzfedern bemerkbar. Hungerstreifen sind kahle Stellen in den einzelnen Federn. Sie zeigen an, daß hier bei der Federbildung nicht ausreichend Aufbaumaterial herangeführt werden konnte.

Wärme für den Nestling

Sollte der junge Beo noch wenig befiedert sein (was zwar kaum vorkommen wird, weil er fast stets schon ein paar Wochen alt ist), braucht er eine Wärmequelle. Eine 40-Watt-Birne, in etwa 30 cm Entfernung über dem Nest angebracht (besser noch ein Infrarotstrahler), ersetzt die notwendige Wärme, die sonst die hudernden (sich über die Jungen setzenden) Altvögel verschaffen. Aber achten Sie unbedingt darauf, daß der kleine Vogel nicht überhitzt wird! Mehr als 35° C darf die Temperatur nie betragen. Andererseits soll sie nicht unter 30° C absinken. Ein Zeichen, daß es dem Beo zu warm wird: Er streckt Kopf und Hals weit von sich auf den Nestrand und hechelt mit offenem Schnabel. Ein Zeichen dafür, daß es ihm zu kalt ist, kann er nicht geben. Aber Sie können es fühlen, wenn Sie ihn in die Hand nehmen. Fühlt er sich kühl an und nicht mindestens handwarm, regt er sich kaum und sperrt nicht mehr, dann ist er unterkühlt. Ist es im Zimmer warm, genügt oft auch ein Zudecken des Vogels mit einem Wolläppchen, besonders dann, wenn er am Körper bereits befiedert ist.

Wie die Federn wachsen

Die Federn bilden sich in den sogenannten Blutkielen. Diese Blutkiele liegen als bläulichweiße Hüllen um die heranwachsenden Federn, deren Spitze zuerst fertig wird. Blutkiele sind im Innern stark durchblutet (daher der Name), denn mit dem Blut werden die zur Federbildung notwendigen Aufbaustoffe herantransportiert. Sobald die Federspitze im Blutkiel fertig entwickelt ist, trocknet die Hülle ein und wird spröde. Bei seinen Putzbewegungen, wobei die einzelnen Federn durch den Schnabel gezogen werden, knabbert der Vogel diese spröden Hüllen ab und legt damit den fertigen Teil der Feder frei. Nach und nach wächst die Feder aus dem Blutkiel heraus, bis sie ihre volle Länge erreicht hat.

Auf Blutkiele müssen Sie vor allem dann achten, wenn Sie die Flügel des Vogels stutzen wollen (→Seite 26). Denn auch nach jeder Mauser bilden sich neue Federn in neuen Blutkielen. Wenn Sie einen Blutkiel beim Stutzen durchschneiden, dann blutet er, und zwar recht stark. Das aber ist unbedingt zu vermeiden. Also: niemals einen Blutkiel durchschneiden, sondern immer nur fertig ausgewachsene Federn!

Wenn der Beo flügge wird

Nach einigen Tagen wird der junge Beo soweit sein, daß er sein Kunstnest verlassen will. Er macht Sie auf seinen kurz bevorstehenden ersten Ausflug dadurch aufmerksam, daß er nicht mehr in der Nestmulde liegt, sondern am Rand der Pappschachtel oder des Blumentopfes sitzt und Sie von da aus anbettelt. Jetzt müssen Sie dafür sorgen, daß

der Vogel mitsamt seinem Nest – in das er zunächst immer noch einmal zurückkehrt, wenn er müde ist – an einen Platz kommt, von dem aus er bei seinem ersten Ausflug, sei es zu Fuß oder fliegend, nicht hart abstürzen kann. Ein Sturz – beispielsweise von einem Tisch auf den Fußboden –, den der Beo in seiner Ungeschicklichkeit noch nicht abzubremsen vermag, bekommt ihm unter Umständen schlecht.

In freier Wildbahn verlassen Jungvögel ihr Nest in der Regel erst dann, wenn sie wirklich fliegen können, zumindest kurze Strekken. Das gilt besonders für Arten, die ihre Nester in der Höhe haben.

Bei handaufgezogenen Vögeln mag es schon vorkommen, daß sie ihr Nest verlassen wollen, obwohl die Flügelfedern noch nicht ganz tragfähig sind. Sie haben nach einer Fütterungspause gewaltigen Hunger und möchten dem sich nähernden Pfleger entgegenkommen. Dabei stürzen sie dann leicht ab oder landen recht ungeschickt an der Wand. Jungvögel können zwar ab einem gewissen Zeitpunkt fliegen, aber bestimmte Flugmanöver müssen sie erst erlernen. Dazu gehört ganz besonders das Landen, bei dem allerlei Abbremstechniken zu meistern sind.

Sie können Ihrem Beo für seine ersten Flüge und Landungen Hilfestellungen geben: Lassen Sie ihn, sobald er auf dem Nestrand sitzt, auch auf Ihrer Hand, am besten auf dem Zeigefinger, sitzen. Bewegen Sie dann Ihre Hand langsam hin und her, auf und ab. Das veranlaßt den Vogel, Gleichgewicht zu halten, um nicht abzustürzen. Er klammert sich dabei fest mit seinen Zehen an Ihren Finger. Halten Sie dann Ihre Hand mit dem Vogel in geringem Abstand vor einen Ast mit rauher Rinde. Hüpft oder fliegt er nicht nach einiger Zeit von selbst auf diese neue Sitzgelegenheit, dann streifen Sie ihn vorsichtig ab. Auf die gleiche Art und Weise können Sie ihn auch von einer Hand auf die andere umsteigen lassen. So übt sich der junge Beo im Hin- und Herhüpfen von einer Sitzgelegenheit zur nächsten, im Anfliegen aus kurzer Entfernung und im Festhalten auf der Unterlage. Sehr rasch – Sie werden staunen, wie rasch – nimmt die Geschicklichkeit des Jungvogels zu. Bereits nach wenigen Tagen wird er fliegen und landen wie ein »Alter«.

Selbständige Nahrungsaufnahme

Hand in Hand mit dem Flüggewerden geht die selbständige Nahrungsaufnahme. Einige Tage nach dem Verlassen des Nestes wird der Beo Sie noch anbetteln. Aber stellen Sie ihm ruhig schon Futter in kleinen Bröckchen in den Käfig. Er wird bald versuchen, etwas davon alleine zu nehmen. Gänzlich ohne Gefüttertwerden kommt er allerdings in diesem Alter noch nicht aus. Die Übergangszeit dauert etwa eine Woche. Dann müßte er alleine mit seiner Nahrung fertig werden. Natürlich können Sie ihn verwöhnen und zur Unselbständigkeit verziehen, wenn Sie ihn ständig weiterfüttern und auf sein Betteln eingehen. Ein wenig Hungernlassen, in Maßen versteht sich, regt zur selbständigen Futteraufnahme an.

Gefahren für den flüggen Jungvogel

Sobald der junge Beo nicht mehr in seine Nestmulde zurück will, können Sie ihn in den für ihn bestimmten Käfig umsetzen. Es ist nicht zu empfehlen, ihn sofort in eine Freivoliere zu bringen. Dazu muß er erst völlig sicher im Fliegen und selbständig in der Nahrungsaufnahme sein.

Ein eben flügge gewordener Jungvogel begegnet vielen Gefahrensituationen und für ihn gefährlichen Lebewesen oft äußerst vertrauensselig. Bei der Aufzucht durch den menschlichen Pfleger wird er auf Gefahren nicht vorbereitet. Die arteigenen Eltern erkennen eine Gefahr aus Erfahrung, sie warnen, wenn ein Feind auftaucht, und fliegen davon. Die Jungen lernen rasch den Zusammenhang zwischen Warnen und Feind, und wenn die Eltern flüchten, fliegen sie hinterher. Hunde, Katzen und andere »Räuber« können also einem handaufgezogenen jungen Beo äußerst gefährlich werden. Das müssen Sie unbedingt beachten. Sie sollten auch noch wissen, daß ein noch nicht ganz fluggewandter Jungbeo lieber und leichter von unten nach oben fliegt als von oben nach unten. Wenn er Ihnen also in den ersten Tagen schon auskommt und auf dem Hausdach oder einem hohen Baum Zuflucht sucht, werden Sie ziemlich lange warten müssen, bis er wieder herunter kommt.

Wie Beos sprechen lernen

Ich nehme an, daß Sie einen Beo halten oder halten wollen, weil Wunderdinge über seine Fähigkeit im Nachahmen der unterschiedlichsten Laute und Geräusche erzählt werden. Tatsächlich gehören die Beos zu denjenigen Vögeln, die menschliche Worte, ganze Sätze oder aber andere Geräusche so vollendet nachahmen, daß man nicht weiß, ob der Beo spricht oder ein Mensch.

Beos – Meister unter den Nachahmern

Auch Papageien oder verschiedene Sittiche ahmen ja nach. Aber dabei ist fast immer ein gewisser krächzender Unterton zu vernehmen, das Gesagte kommt etwas schlampig heraus, und es klingt einfach »papageiisch«. Bei den Beos ist das nicht der Fall. Nicht selten kamen Besucher in meinen Garten, die gleich zu der Beovoliere liefen, weil sie dort menschliche Stimmen gehört hatten und die Hausbewohner suchten. Etwaige Einbrecher hätten wahrscheinlich schleunigst das Weite gesucht, wenn sie meinen Beo Peter gehört hätten, ohne ihn zu sehen, denn er sagte deutlich mit meiner Stimme: »Du Räuber.«
Warum gerade Beos und Papageien so gute Nachahmer sind, läßt sich nicht sagen. Einigen Vogelfamilien liegt das Nachahmen sozusagen im Blut. Dazu gehören auch die Stare. Schon unser heimischer allbekannter Star ist ein Meister im Nachahmen. Seine arteigenen angeborenen Laute sind eher primitiv für unsere Ohren und bestehen aus einer Reihe krächzender, klappernder und schnarrender Töne. Daneben aber lernen die Stare, Stimmen und Geräusche aus ihrer Umgebung in den arteigenen Gesang mit aufzunehmen. Da hört man das Quaken von Fröschen, das Schnattern von Enten, das Quietschen eines Scheunentores oder Stimmen und Rufe anderer Vogelarten.
Normalerweise sind es eben solche Stimmen und Geräusche, mit denen ein Vogel in freier Umgebung konfrontiert wird. Menschliche Stimmen sind ihm zu fern, weil jeder freilebende Vogel die Menschen scheut.
Von verschiedenen anderen Vogelarten weiß man, daß die Jungvögel den arteigenen Gesang vom Vater erlernen, denn sie hören die Tonfolge während ihrer Nestlingszeit und der ersten Zeit nach dem Ausfliegen. Ein junger Gimpel zum Beispiel lernt den Artgesang vom Vater. Zieht man ihn mit der Hand auf und pfeift ihm alles mögliche vor, so wird er die Pfiffe nachahmen. Es gibt Gimpel, die auf diese Weise ganze Melodien erlernen.
Bei den Beos und manchen ihnen nah verwandten Arten, wie eben auch dem Star, mag beides zusammenkommen: Das Lernen während der Jugendzeit und eine allgemeine Fähigkeit zum Nachahmen.

Vogelzungen werden nicht gelöst

Die früher weit verbreitete und auch heute noch häufig vertretene Meinung, man müsse einem Vogel die Zunge lösen, damit er spricht, ist ganz unsinnig. Zu lösen gibt es da gar nichts. Die Zunge eines Vogels sitzt nur mit einer feinen Verbindung an der Haut des Unterschnabels. Sie hat vorne eine dünne Spitze (bei Papageien ist die Zunge recht fest und dick, was mit der Art der Nahrungsaufnahme zu tun hat) und hinten zwei seitliche Fortsätze, mit deren Hilfe die Nahrung in den Schlund befördert wird. Wollte man also an der Zunge etwas lösen, so könnte dies nur die Verbindung zum Unterschnabel sein. Damit würde man die Zunge abschneiden und der Vogel müßte verhungern.

Eine kleine Beo-Geschichte

Nun möchte ich Ihre Erwartungen, was den Beo anbelangt, nicht zu hoch spannen, denn oft genug hat die Erfahrung gezeigt, daß auch ein Beo »maulfaul« sein kann und nichts oder nur wenig nachahmt. Aber ein Zitat aus der Literatur, das einem guten Nachahmer gilt, möchte ich Ihnen doch nicht vorenthalten. Heinz Geck schrieb 1952 in der »Gefiederten Welt«:
»Mein Freund in Delhi hatte mir seinen Bungalow in den Bergen abgetreten, als er in Europa-Urlaub ging. Ich brachte ihn aufs Schiff und fuhr tags darauf in die Berge. Wen aber hörte ich in seinem Bungalow randalieren? Meinen Freund, der schon seit vierundzwanzig Stunden auf der ›Sibajak‹ mit dreizehn Seemeilen Geschwindigkeit westwärts fuhr! Glücklicherweise war heller Tag, ich hätte sonst noch an Gespenster geglaubt, die indischen Nächte haben es nämlich in sich. So dachte ich nur an einen schlechten Scherz und trat ein. Es war aber keine Menschenseele im ganzen Bungalow, und das war mir doch nicht ganz geheuer. ›Halts Maul‹, sagte in diesem Augenblick wieder mein Freund auf malayisch und ein Boy antwortete ganz klein und häßlich: ›Saja Toewan!‹
Ich sprang zurück auf die Veranda, da erscholl ein johlendes Gelächter. Auf dem Türbalken saß eine Art Dohle und sah mich mit listigen Augen ab- und geringschätzend an.

›Na, du häßlicher Vogel!‹, sagte das Tier zu mir und lachte höhnisch. ›Ja da soll doch . . .‹, sagte ich. ›Wo bleibt nur der Ali wieder!‹, knurrte die Dohle (die natürlich ein Beo war). ›Er ist der faulste und verlogenste Djongos der Welt. Makan die mana, Ali?‹ (Wo bleibt das Essen?). Kurz darauf kam Ali, der im Küchenanbau gewesen war, mit dem Makan.
›Ali, du Fehlzündung Allahs‹, schnarrte der Beo. Ali warf einen halb verzweifelten, halb lachenden Blick auf das schwarze Vieh und wandte sich mir zu. ›Du mußt ihm nicht alles glauben, Herr, dieser Tjühoeng (so nennen ihn die Malayen) hat eine lasterhafte Seele!‹ ›Hahahaha‹, machte der Tjühoeng. Dieser Vogel hatte einen großen Sprachschatz, pfiff und sprach im jeweiligen Tonfall aller im Hause wohnenden Personen, brachte durch sein Herbeirufen der Diener alles durcheinander, pfiff nach den Hunden, rief nach Kaffee, Rasierwasser und Bad – Ton für Ton die Stimme seines Herrn. Dann hörte ich, wie jemand ungeniert gähnte, aus dem Bett sprang, sich ein paar Töne pfiff und andächtig gurgelte. Ich wollte es nicht glauben, aber es waren wirklich die Morgenübungen des Beos. Als ich zum Frühstück kam, begrüßte er mich aufs herzlichste und antwortete sich gleich selbst. Ich versuchte, mich bei ihm anzubiedern, erzielte aber nur, daß er mich für einen Trödler hielt und mich mit erstaunlicher Energie in Pidgin-Englisch anpfiff: ›Halt's Maul jetzt, ich kaufe nichts. Gar nichts. Verstanden!‹
Schon am Nachmittag hatte der Tjühoeng meinen Tonfall besser heraus als ich selber. Er rief zwischen Mittag und Sonnenuntergang vierundvierzigmal nach Ali. Als ich dann auch einmal rief, gehorchte der schon längst nicht mehr . . «

Wie Beos sprechen lernen

Wie können Sie einen guten Nachahmer bekommen?

• Indem Sie einen Mittelbeo kaufen. Unter ihnen sind die besten Nachahmer zu finden.
• Indem Sie einen Jungvogel kaufen. Diese werden am schnellsten zutraulich, falls sie es noch nicht sind, und sie lernen am besten. Alt eingefangene Beos bleiben meist für immer scheu und lernen nichts oder nur wenig.
• Indem Sie den Beo in den Sommermonaten anschaffen. Da die Brutzeit zwischen April und August liegt, haben Sie in dieser Zeit die größte Chance, auch wirklich einen Jungvogel zu erhalten.
• Indem Sie einen Vogel kaufen, der nicht schon vorher einige Male den Besitzer gewechselt hat. Diese Vögel ahmen entweder nicht nach (und werden daher immer wieder weggegeben), oder sie sind durch den häufigen Umgebungswechsel nervös und scheu.
• Indem Sie einen gesunden Vogel erwerben (→Seite 14).
Das Ganze bleibt aber letztlich doch ein Glücksspiel.

Keine Regel, kein Rezept für das Sprechenlernen

Meine ersten beiden Beos waren praktisch noch Nestlinge und konnten noch nicht fliegen, als ich sie, durch Beziehungen direkt vom Großhändler, Ende Mai erhielt. Ich mußte sie noch füttern, und so wurden sie von Anfang an handzahm.
Beide waren Mittelbeos. Den ersten, Peter, behielt ich selbst, den zweiten verschenkte ich. Peter wurde kein »großer« Nachahmer. Das lag aber wohl daran, daß ich ihn nur etwa ein Jahr im Zimmer hatte und ihn dann in eine Freivoliere übersiedeln ließ, wo er sich zwar wohler fühlte, aber nicht mehr viel dazulernte.
Der Anfang war immerhin recht vielversprechend. Und wenn ich Ihnen jetzt erzähle, was Peter nachahmen lernte und auf welche Art und Weise dies geschah, dann werden Sie gleich erkennen, daß es dafür kein Patentrezept gibt.
Das erste, was Peter hören ließ, war der flötende Ruf der Pirole im Garten. Sie waren etwa um die Zeit aus dem Winterquartier in Afrika zurückgekommen, in der ich den jungen Beo bekam. So konnte er noch während seiner Nestlingszeit den ganzen Tag über das melodische »düliö« vernehmen. Nach ein paar Wochen brachte er es selbst. Er behielt diesen kleinen Gesang auch viele Jahre bei, ließ ihn dann aber plötzlich nicht mehr ertönen. Solange er das »düliö« brachte, hörte ich es nur im Sommer, also wenn auch die Pirole da waren.
Dann sagte Peter seinen Namen: Peter. Den hatte er natürlich auch von Anfang an häufig gehört.
Nun werden Sie der Meinung sein, der auch ich war, daß ein Beo vor allem das lernt, was er häufig hört und was man ihm ständig vorsagt. Aber das ist nicht der Fall.
Eines Tages, Peter war schon im Garten in einer Voliere, kam eine Bekannte mit einem Dackel, der Nicko hieß. Dieser Dackel bellte und sprang wild und aufgeregt um Peters Voliere. Die Bekannte merkte, daß ich das nicht mochte, und rief aus Leibeskräften: »Nicko, Nicko, hierher«. Fünf oder sechs Mal mußte sie rufen, bis der Dackel gehorchte. Peter hatte sich mächtig aufgeregt und am nächsten Tag schrie er: »Nicko, Nicko« mit der Stimme der Bekannten. Die-

ses »Nicko« behielt er ein paar Monate bei, dann war es vergessen.

Das mag Sie auf den Gedanken bringen, ein Beo lernt vielleicht das besonders gut, was er in einer Schrecksituation gehört hat. Das dachte ich auch. Und da ich Peter einen kräftigen Fluch beibringen wollte, warf ich eines Tages vor seinem Käfig einen Stapel alter Teller zu Boden, was fürchterlich schepperte, und fluchte. Peter beeindruckte das überhaupt nicht und geflucht hat er nie.

Dann bemühte sich meine Tochter, ihm »Ja mein Peterschnuck« durch ständiges Vorsagen beizubringen. Das lernte er und brachte es bis zu seinem Tode. Auch mein oft wiederholtes »Du Räuber« lernte er und vergaß es nicht mehr. Aber manches andere, das er immer wieder vorgesagt oder vorgepfiffen bekam, interessierte ihn anscheinend überhaupt nicht.

Dann waren es wieder irgendwelche Geräusche, die uns Menschen nicht weiter auffielen, die aber den Beo beeindruckt haben mußten, weil er sie nachmachte. Zum Beispiel das metallische »pink-pink-pink« aus einer Schmiede nebenan. Oder meine Hustenanfälle eines Winters, als ich mich stark erkältet hatte. Da hustete Peter plötzlich »gekonnt«. Er hustete viele Jahre, aber wiederum nur im Winterhalbjahr, wobei es gleichgültig war, ob tatsächlich jemand in der Familie einen Husten hatte oder nicht. Peter ahmte auch meinen Pfiff nach, der den Hunden galt, und rief den Jagdhund, den ich hatte, als ich Peter bekam, beim Namen. Als ich nach zwei Jahren einen anderen Hund, der auch anders hieß, pflegte, blieb Peter beim Namen des ersten Hundes und erlernte nie den Namen des zweiten. Sie sehen also, da geht alles durcheinander:

- Der Beo lernt etwas, was er oft gehört hat.
- Der Beo lernt etwas, was er nur einmal gehört hat.
- Der Beo lernt etwas, wenn die damit verbundene Situation ihn erschreckt oder aufgeregt hat.
- Der Beo lernt unter ähnlichen Umständen nichts.
- Der Beo behält das einmal Gelernte sein Leben lang.
- Der Beo vergißt einmal Gelerntes wieder.

Es gibt also für das Lernen der Beos keine festen Regeln. Wir kennen das auch von anderen nachahmenden Vögeln. Papageienbesitzer wissen dies sehr gut. Oft bleibt alles Vorsprechen und -pfeifen ohne Erfolg, dann wieder überrascht ein Papagei mit Worten oder Sätzen, die der Besitzer ihm gar nicht beibringen wollte.

Was den Beo zum Nachahmen bewegen kann

Konrad Lorenz, der weltbekannte Verhaltensforscher, erzählt in einem seiner Bücher von einer zahmen Krähe, die auch sprechen konnte. Sie flog frei herum und war eines Tages verschwunden. Als sie nach ein paar Tagen wieder auftauchte, konnte sie auf einmal den Satz: »Mit'm Schlageisen hams sies g'fangt!« Der Vogel war offensichtlich Buben aus der Nachbarschaft in die Falle gegangen – eine äußerst erschreckende, ängstigende und auch schmerzhafte Situation –, und er hatte einen der ersten Sätze daraufhin erlernt und behalten.

Keine Angst, Sie brauchen nicht Fallen aufzustellen, um Ihren Beo zum Nachahmen zu bewegen. Das ist sicherlich keine empfehlenswerte Methode. Ich meine, nach den eigenen Erfahrungen mit Beos, sie lernen *eher* etwas, das sie häufig hören und sie lernen *eher* etwas, das sie in Verbindung bringen können mit ganz bestimmten Situationen. Einige Beispiele dafür: Sie kommen am Morgen zu Ihrem Beo ins Zimmer und begrüßen ihn.

• Dieser Vorgang wiederholt sich täglich. Ihr Erscheinen am Morgen, das Öffnen der Tür bedeuten für den Beo eine gewisse Spannung. Er wird Ihren Morgengruß sehr wahrscheinlich lernen.

Oder: Das Telefon läutet, und Sie sagen »hallo«, nennen Ihren Namen oder Ihre Nummer.

Nicht jeder Beo ist ein guter Nachahmer – auch seine arteigenen Rufe und »Gesänge« trägt er laut und meist in hohen Tonlagen vor.

• Dieser Vorgang wiederholt sich mehrmals täglich. Das Läuten des Telefons, Ihr Hinlaufen bedeutet wiederum für den Beo etwas Besonderes. Er wird also wahrscheinlich die Worte lernen, mit denen Sie sich melden.

Oder: Es läutet an der Haustür, und Ihr Hund fängt wütend zu bellen an. Sie sagen vielleicht zu ihm: »Sei still!« oder »Mach Platz!«

• Dieser Vorgang wiederholt sich häufig.

Er ist mit Aufregung, dem Geräusch des Klingelns und Ihrem Zur-Haustür-Gehen verbunden. Der Beo wird also wahrscheinlich das Läuten, das Bellen oder Ihren Befehl an den Hund lernen.

Im täglichen Leben gibt es zahlreiche Situationen dieser Art, die sich oft wiederholen, und die den Beo irgendwie in eine gewisse Aufregung versetzen, ohne daß man sie ihm gleich anzumerken braucht.

Rufe und »Gesänge« des Beos

Neben dem Nachgeahmten haben Beos noch ihre wohl angeborenen arteigenen Rufe und »Gesänge«. Ich erwähnte dies schon. Die Rufe sind laut und zumeist in hohen Tonlagen. In einem kleineren Raum dröhnen einem die Ohren dabei, weil Beos auch recht ausdauernde Rufer sind, vor allem morgens und abends. Das müssen Sie schon ertragen können, sonst sollten Sie darauf verzichten, sich einen Beo anzuschaffen.

Nun kann ich nur hoffen, daß Ihr Beo ein guter Nachahmer ist oder wird. Geduld, ruhiger Umgang mit dem Vogel, sein Vertrautsein mit Ihnen, richtige Pflege und Ernährung werden dazu beitragen.

Wenn der Beo krank ist

Sie werden in der freien Natur höchst selten einem kranken Vogel begegnen. Wenn ein Vogel aus irgendwelchen Gründen geschwächt ist, und sei es nur wegen seines Alters, wird er sehr rasch das Opfer seiner zahlreichen Feinde, oder er verkriecht sich und verendet. Was Sie dann noch finden, sind ein paar Federn, einige Knochen als sterbliche Überreste. Woran der Vogel gestorben ist, läßt sich daraus nicht mehr erkennen.

Krankheitsanzeichen

In Gefangenschaft ist der Beginn einer Krankheit meist rechtzeitig festzustellen. Da optimale Hilfe gegeben werden kann, gelingt in vielen Fällen die Heilung des Patienten. Warnen möchte ich Sie aber davor, Ihren kranken Beo selbst heilen zu wollen, wenn Ihnen die Erfahrung hierfür fehlt. Da wird schnell mehr verdorben als geholfen! Überlassen Sie das Heilen einem Tierarzt.
Ein kranker Vogel sitzt still und aufgeplustert da, hält seine Augen geschlossen und läßt sich durch Vorgänge in seiner Umgebung nicht mehr beeindrucken. Oft ist seine Kloake – das ist der gemeinsame Ausführgang für Harn, Kot und Fortpflanzungsprodukte – verschmutzt, das Kotabsetzen bereitet Schwierigkeiten oder ist gar nicht mehr möglich. Von Munterkeit ist nichts mehr zu spüren, und das Pfeifen, Singen und Nachahmen unterbleibt. Solche Symptome lassen auf eine Erkrankung innerer Organe schließen.

Innere Krankheiten

Bei inneren Erkrankungen treten am häufigsten Erkrankungen der Atemwege und des Verdauungstraktes auf wie Erkältung, Lungenentzündung, Durchfall, Krämpfe und Leberschädigung.

Erkrankungen der Atemwege
Ursachen für die Erkrankung der Atemwege sind meist zu rascher Klimawechsel und Zugluft. Beos, im warmen Zimmer gehalten und dann bei kühler Witterung plötzlich in eine Freivoliere gesetzt, können erkranken. Ebenso kann es geschehen, wenn sie zwischen Tür und Fenster im Durchzug stehen. Die Krankheit äußert sich durch rötlich anschwellende Augenlider, durch Husten, Niesen und Atmen mit geöffnetem Schnabel. Außerdem macht der Vogel den oben beschriebenen müden Eindruck. Geholfen wird durch Wärme (gleichmäßige Temperatur bei etwa 25° C), die am besten mit einer Infrarotlampe geboten wird. Zur Not tut es auch eine normale 40-Watt-Glühbirne. Dann geben Sie in Trinkwasser gelöste Antibiotika (Aureomycin, Terramycin). Besser als Wasser ist noch Kamillentee, aber beides niemals eiskalt. Bessert sich der Zustand nicht

Wenn Ihr Vogel so aufgeplustert in seinem Käfig sitzt, seine Augen geschlossen hält und sich durch nichts in seiner Umgebung beeindrucken läßt, dann ist er sicher krank.

innerhalb von zwei Tagen, sollten Sie unbedingt den Tierarzt aufsuchen oder um Rat fragen.

Erkrankungen des Magen-Darmtrakts

Erkrankungen des Magen- und Darmtrakts können ebenfalls auf Erkältung zurückzuführen sein, aber auch durch falsche Fütterung oder schlechtgewordenes Futter hervorgerufen werden. Entfernen Sie daher alle Futterreste, die von den täglichen Mahlzeiten übrig geblieben sind.

Die Erkrankung äußert sich in Durchfall; der Kot ist nicht nur dünn, sondern fast wäßrig und wirft oft Blasen. Der Beo frißt unlustig oder kaum mehr und sitzt matt in seinem Käfig.

Geholfen wird durch Wärme (wie bei Erkältungskrankheiten), durch Tränken mit schwachem schwarzem Tee anstelle von Wasser und durch Fütterung (vermehrt zum normalen Futter) mit gekochtem Reis und gekochtem Ei.

Haben Sie Ihren kranken Beo in einem Zimmerkäfig untergebracht, so können Sie ihn zum Ausheilen dort ruhig belassen. Lebt er dagegen in einer Voliere, egal ob drinnen oder draußen, so empfiehlt es sich, ihn herauszufangen und ihn in einem kleineren Bauer unterzubringen, bis er wieder munter ist. Sie können ihn hier besser kontrollieren und ihm die nötige Wärme leichter zukommen lassen.

Darmparasiten

Eine weitere Ursache für Magen- und Darmerkrankungen können Darmparasiten sein, die der Vogel entweder schon mitgebracht hat oder die durch Insektennahrung übertragen worden sind. Bei Befall von Darmparasiten magern die Vögel trotz ausgiebigen Fressens stark ab und werden schließlich schwach. Der Tierarzt kann in Kotproben, die Sie ihm mitbringen müssen, Parasitenbefall feststellen und wird Ihnen auch ein Mittel zur Bekämpfung geben. Darmparasiten sind heute meist problemlos zu beseitigen.

Verfettung

Eine häufige Krankheits- und Todesursache bei Beos sind allgemeine Verfettung und eine damit Hand in Hand gehende Schädigung der Leber. Gerade Beos, die in kleinen Käfigen gehalten werden, in denen sie sich nicht genug bewegen können, verfetten leicht.

Ich kann hier nur immer wieder sagen: Vorbeugen ist besser als heilen! Vorbeugen durch viel Bewegungsmöglichkeit und richtiges Füttern. Kleine Gaben von gehacktem Grünzeug wie Salat, Vogelmiere, Petersilie oder Spinat zum übrigen Futter gemischt, tragen wesentlich zum Wohlbefinden Ihres Vogels bei.

Knochenbrüche und äußere Verletzungen

Innere Erkrankungen des Beos sind für den Laien oft schwer festzustellen – im Gegensatz zu äußeren Verletzungen. Sie sehen sehr schnell, wo etwas »entzwei gegangen« ist. Ein gebrochener Flügel hängt herunter und kann nicht in seiner normalen Stellung gehalten werden. Bei Brüchen am Bein wird dieses geschont; der Vogel setzt es nicht auf. Brüche entstehen durch Anfliegen an harte Gegenstände (→Seite 29) und andere Unfälle. Da Vögel, wie wohl die meisten Tiere, ein weit geringeres Schmerzempfinden ha-

Wenn der Beo krank ist

ben als wir Menschen, machen ihnen Knochenbrüche und Verletzungen der Haut und der Muskulatur zunächst wenig aus. Schlimmer wird es erst, wenn Brüche schlecht verheilen, wenn ein Bein oder ein Flügel falsch wieder zusammenwächst. Das kann dann den Beo sehr in seiner Fortbewegung behindern.

Vor allem ein Flügelbruch muß vom Tierarzt behandelt werden: Der Flügel wird entweder geschient oder mit einer Binde in normaler Ruhelage am Vogelkörper fixiert.

Auch bei Brüchen sollten Sie daher unbedingt zum Tierarzt gehen, wenn Sie keine Erfahrung im Schienen haben. Aber gehen Sie *gleich* zum Arzt und nicht erst nach ein paar Tagen. Dann nämlich kann der Bruch bereits begonnen haben, schlecht oder falsch zu heilen, und die Bruchteile sind nicht mehr in die richtige Lage zu bringen. Brüche an den Flügelknochen sind eine heikle Sache, denn der Flügel soll ja möglichst nach der Heilung wieder voll gebrauchsfähig werden. Der Tierarzt wird entscheiden, ob er den Flügelbruch schienen kann, oder ob er ihn, wie bei kleineren Vögeln üblich, mit einer Binde in normaler Ruhelage am Körper des Beos fixiert.

Beinbrüche müssen unterschiedlich behandelt werden. Bei Brüchen am Oberschenkel kann man nicht schienen, da der Knochen sozusagen innen dem Vogelkörper anliegt und nicht freisteht. Bei einem offenen Bruch müssen die Knochenenden vorsichtig in die Haut zurückgedrückt werden. Dann wird die Wunde desinfiziert und der Vogel möglichst ruhiggestellt. Entfernen Sie alle Sitzstangen im Käfig und halten Sie den Vogel warm und abgedunkelt (aber so, daß er noch genügend Licht hat, um fressen zu können). Brüche des Unterschenkels und des Laufknochens lassen sich im allgemeinen gut schienen. Eine Gipsbinde, mit Watte unterlegt, tut ebenfalls gute Dienste.
Brüche sind nach zwei bis drei Wochen ausgeheilt. Zehenbrüche brauchen Sie nicht zu behandeln, sie heilen von selbst. Ist allerdings eine Zehe nicht nur gebrochen, sondern fast gänzlich abgerissen, dann schneiden Sie mit einer Schere das lose Stück vollständig ab, behandeln den Wundstumpf mit Wundpuder oder -salbe und blutstillender Eisenchlorid-Watte. Er heilt rasch.
Sind Haut oder Muskulatur verletzt, so wird die Stelle ebenfalls mit Wundpuder oder -salbe behandelt. Solche Verletzungen heilen in der Regel sehr schnell und stören den Vogel so gut wie gar nicht.

Parasiten an Haut und Federn

Beos, die im Zimmer gehalten werden, dürften nur selten von sogenannten Ektoparasiten befallen werden. Zu solchen Ektoparasiten, die also außen am Vogel schmarotzen – im Gegensatz zu den im Innern (Darm, Magen, Lunge, Leber) der Vögel vorkommenden Arten –, gehören Flöhe, Läuse und Milben. Sie werden zumeist durch direkten Körperkontakt von Vogel zu Vogel übertragen. In einer Freivoliere können sie durch Spatzen und andere freilebende Vogelarten auf die Beos gelangen.

Die *Rote Vogelmilbe* saugt Blut. Tagsüber halten sich diese Parasiten in Spalten und Ritzen verborgen, um nachts die schlafenden Vögel heimzusuchen. Häufiges und gründliches Desinfizieren des Käfigs, der Nistkästen und der Käfignachbarschaft ist das beste Vorbeugungsmittel.

Die *Grabmilbe* setzt sich zwischen den Hornschuppen an den Beinen und Zehen fest. Die Schuppen liegen dann nicht mehr glatt an, sondern stehen ab. Es bildet sich eine kalkartige Kruste. Die befallenen Stellen bepinseln Sie mit dem Mittel Odylen, falls der Tierarzt nichts anderes verordnet.

Die *Federmilben* oder *Federlinge* fressen an den Vogelfedern. Das Gefieder wird struppig und sieht aus wie »Mottenfraß«. Auch hierfür gibt es heute gute Mittel. Beim Einsprühen oder Bestäuben des Beos mit jedwedem Mittel gegen Parasiten sollten Sie darauf achten, daß nichts davon in die Augen, in die Nasenöffnungen und in den Schnabel gelangt. Größere Mengen davon könnten dem Beo schlecht bekommen.

Die Mauser

Die Federn eines Vogels nützen sich mit der Zeit ab. Durch das viele Fliegen, durch das Anstreifen an Ästen und Zweigen und manche andere mechanische Beanspruchung werden besonders die Federspitzen in Mitleidenschaft gezogen. So ist es eine weise Einrichtung der Natur, daß das Federkleid von Zeit zu Zeit erneuert wird.

Verliert ein Vogel seine alten Federn und wachsen ihm an deren Stelle neue, so »mausert« er. Wenn die körperbedeckenden Federn wechseln, dann mausert er das Kleingefieder. Wenn die Schwungfedern der Flügel und die Steuerfedern des Schwanzes wechseln, dann mausert er das Großgefieder. Bei vielen Vögeln geschieht beides gleichzeitig. Die Beos mausern zwischen August und Oktober.

Normalerweise wird ein Vogel bei der Mauser niemals nackt. Einige kleine Kahlstellen am Kopf können dagegen kurzzeitig auftreten. Ein Beo verliert auch nie so viele Schwungfedern auf einmal, daß er nicht mehr flugfähig wäre. Die Schwungfedern fallen nacheinander aus, im ausgebreiteten

Wenn ein Vogel in der Mauser ist, dann erneuert er sein Federkleid: Anstelle seiner alten wachsen ihm neue Federn.

Flügel sind dann die sogenannten Mauserlücken zu sehen, Stellen, an denen die neuen Federn noch nicht nachgewachsen sind, und zwar symmetrisch an beiden Flügeln. Eine normale Mauser wird Ihnen oft gar

Wenn der Beo krank ist

nicht auffallen. Vielleicht wundern Sie sich nur, daß dann einige Federn am Käfigboden liegen. Den Vogel beeinträchtigt die Mauser nicht, wenn er in gutem Gesundheitszustand ist.

Sie sollten aber doch auf die Mauser achten. Die Bildung der neuen Federn verlangt vom Vogel einen gesteigerten Stoffumsatz. Seine Ernährung muß also in dieser Zeit optimal sein.

Mausert ein Beo schlecht oder innerhalb eines Jahres gar nicht, dann ist falsche Ernährung daran schuld. Durch zu einseitiges Futter fehlen ihm Vitamine, Kalke und Salze. Sobald Sie bemerken, daß die Mauser ins Stocken gerät oder daß die neuen Federn nicht nachwachsen wollen, müssen Sie sich mit dem Tierarzt in Verbindung setzen. Meist helfen schon Gaben von bestimmten Vitaminen, Bestrahlungen mit der Infrarotlampe und tägliches Besprühen des Vogels mit lauwarmem Wasser aus einem Pflanzenbestäuber.

Die im Handel erhältlichen sogenannten »Mauserhilfen« bewirken meist gar nichts.

Hausapotheke für den Beo

Sie sollten, um nicht bei jeder Kleinigkeit gleich zum Tierarzt laufen zu müssen, für alle Fälle einige Dinge und Medikamente im Hause haben. Richten Sie sich eine kleine Beo-Apotheke ein, bedenken Sie jedoch dabei, daß die Mittel nach einiger Zeit oft unbrauchbar werden und zu erneuern sind.
- Wärmelampe (Infrarotstrahler) 40 bis 60 Watt.
- Antibiotika gegen Infektionskrankheiten (Aureomycin, Terramycin).
- Wundpuder und -salbe für offene Wunden.
- Blutstillende Eisenchlorid-Watte.
- Heftpflaster, Mullbinden.
- Schere und spitze Pinzette.
- Desinfektionsmittel zum Säubern des Käfigs.

Wann und wie immer Sie Ihren Beo behandeln müssen, Sie werden es nicht tun können, ohne ihn zu fangen und in die Hand zu nehmen. Das bedeutet einen nicht unbeträchtlichen Schreck für ihn und Aufregung sowieso (→Seite 67). Versuchen Sie daher, möglichst alles, was am Beo vorgenommen werden muß, ruhig, zügig und rasch zu erledigen. Überlegen Sie sich die einzelnen Handgriffe und Maßnahmen vorher, sonst vergessen Sie vielleicht einiges und müssen dem Vogel ein zweites Mal zumuten, daß er gefangen und festgehalten wird.

Beos verstehen lernen

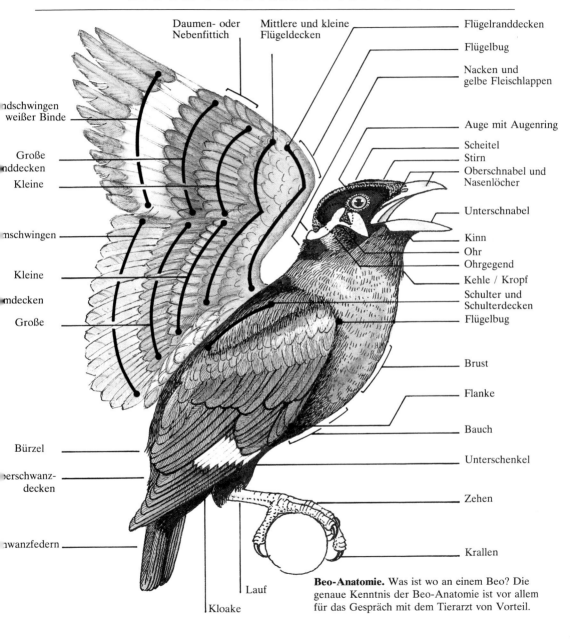

Daumen- oder
Nebenfittich

Mittlere und kleine
Flügeldecken

Flügelranddecken

Flügelbug

Nacken und
gelbe Fleischlappen

ndschwingen
weißer Binde

Auge mit Augenring

Scheitel

Große
nddecken

Stirn

Kleine

Oberschnabel und
Nasenlöcher

Unterschnabel

mschwingen

Kinn

Ohr

Kleine

Ohrgegend

mdecken

Kehle / Kropf

Schulter und
Schulterdecken

Große

Flügelbug

Brust

Flanke

Bauch

Bürzel

Unterschenkel

erschwanz-
decken

Zehen

hwanzfedern

Krallen

Lauf

Kloake

Beo-Anatomie. Was ist wo an einem Beo? Die
genaue Kenntnis der Beo-Anatomie ist vor allem
für das Gespräch mit dem Tierarzt von Vorteil.

Kleine allgemeine Vogelkunde

Bevor Sie Beos verstehen lernen, müßten
Sie eigentlich erst einmal Vögel allgemein
verstehen lernen. Deswegen vorweg eine
kleine Vogelkunde in Kurzfassung.
Vögel unterscheiden sich von allen anderen
Wirbeltieren schon äußerlich durch ihr Federkleid. Kleine Federn finden wir am Kopf
und am Rumpf der Vögel. Sie gleichen Un-
ebenheiten des Körpers aus und verleihen
ihm die stromlinienförmige Gestalt. Größere
Federn finden wir an den Flügeln und am
Schwanz. Sie bilden die Tragflächen der Flügel und die Steuerfläche des Schwanzes. Die
Federn bestehen aus Hornsubstanz wie auch
die Schuppen der Reptilien, von denen die
Vögel ja abstammen. Hornschuppen gibt es
auch bei den Vögeln noch, und zwar an den
Beinen. Auch der knöcherne Schnabel ist
von einer Hornschicht überzogen.
Vögel sind Warmblüter wie die Säugetiere.
Die Körpertemperatur liegt um 41° C. Ist
die Umgebungstemperatur kalt, plustert sich
ein Vogel auf. Dabei gelangt viel Luft zwischen die einzelnen Körperfedern und bildet
eine wärmeisolierende Schicht. Wird einem
Vogel zu warm, dann legt er alle Federn
dicht an und preßt die Luft dazwischen heraus. Schwitzen kann ein Vogel nicht. Er besitzt keine Schweißdrüsen. Wenn ihm trotz
angelegter Federn immer noch zu warm ist,
macht er den Schnabel weit auf; er hechelt
und verdunstet Wasser im Rachenraum wie
ein Hund. Oder er nimmt ein Bad und ver-
schafft sich dadurch Kühlung.
Die meisten Vögel können fliegen. Ausnahmen machen nur einige flugunfähige Arten
wie Straußenvögel etwa oder die Pinguine,
deren Flügel zu »Flossen« umgebildet sind,
mit denen sie sich im und unter Wasser vor-
antreiben. Der Flug der Vögel ist ein techni-
sches, aber von der Natur geschaffenes
Wunderwerk. Näher hierauf einzugehen,
würde den Rahmen dieses Buches sprengen.
Vögel brauchen das Fliegen nicht zu erlernen. Von einem gewissen Zeitpunkt an können sie es. Nicht unbedingt vollendet von
Anfang an, aber gut genug, um zu überle-
ben. Kleinere Feinheiten, vor allem beim
Start und bei der Landung, lernen sie dann
rasch hinzu. Für das Leben im Luftraum finden wir noch andere Anpassungen.
Von den Vogellungen gehen sogenannte
Luftsäcke aus und durchziehen das Innere
des Körpers. Die Atemluft kann dadurch
besser ausgenützt werden. Luftsäcke zwischen den mächtigen Flugmuskeln sorgen
für deren Kühlung bei langen und anstren-
genden Flügen. Die Knochen sind leicht,
aber stabil gebaut und zum Teil hohl. Auch
die knöcherne Schädelkapsel hat viele Hohl-
räume. So wird Vorderlastigkeit vermieden.
Alle Vögel legen Eier, die meisten bebrüten
sie selbst. Ausnahmen machen beispielsweise die Brutschmarotzer wie unser Kuckuck,
die das Ausbrüten anderer Arten überlassen. Unter den Jungen gibt es *Nesthocker*
und *Nestflüchter*. *Nesthocker* – der Beo ist
auch einer – schlüpfen recht »unfertig« aus
dem Ei, müssen Tage oder Wochen im Nest
von den Eltern versorgt werden, bevor sie
flügge sind und es verlassen können. *Nestflüchter* wie Hühner, Enten, Gänse können
sich wenige Stunden nach dem Schlüpfen
laufend oder schwimmend fortbewegen,
nehmen auch meist gleich selbständig Nahrung zu sich und folgen den Eltern. Sie tragen ein wärmendes Dunenkleid, das nach
und nach von Federn ersetzt wird.
Nahrung und Nahrungsaufnahme ist vielfäl-

tig wie die Welt der Vögel überhaupt. Aber: lange hungern kann kein Vogel. Bei kleinen Arten können schon einige Stunden ohne Nahrung zum Tode führen, zumal wenn es kalt ist. Ein Vogel muß im Schnitt täglich etwa ein Drittel seines Körpergewichtes an Nahrung zu sich nehmen. Unverdauliche Nahrungsreste werden durch die Kloake wieder ausgeschieden. Manchmal spuckt ein Vogel auch durch den Schnabel wieder etwas aus. Das kann ein Futterstückchen sein, das ihm nicht schmeckt. Es können aber auch unverdauliche Nahrungsteile wie Haare, Federn und Chitinteile von Insekten sein. Sie ballen sich im Vogelmagen zu kleinen Klümpchen zusammen und werden als sogenannte Gewölle herausgewürgt. Auch Beos können kleine Gewölle spucken, zum Beispiel, wenn sie viele Mehlwürmer gefressen haben.

Vögel orientieren sich in erster Linie mit ihren Augen. Auch der Gehörsinn ist gut entwickelt. Sonst hätte alles Singen und Rufen keinen Sinn. Der Geruchsinn ist mangelhaft ausgebildet, dafür der Geschmacksinn um so besser. Erstaunlich ist es, wie schnell ein Vogel beim Packen der Nahrung mit der Schnabelspitze mit Hilfe der Zunge feststellt, ob ihm etwas schmeckt oder nicht.

Ab wann wurde der Beo als Volierenvogel gehalten?

Schon 1815 besaß der Zoo Amsterdam einige Beos. Der Mittelbeo wurde erstmals 1859 im Londoner Zoo gezeigt, der Große Beo erstmals 1852 im Zoo Amsterdam. Später wurden noch weitere Rassen des Beos bekannt, die aber für die Vogelhaltung wenig Bedeutung erlangten und meist auch

nur von Fachleuten richtig bestimmt werden konnten. Seit langem schon waren also die Beos wegen ihres munteren Wesens und ihrer Begabung im Nachahmen beliebte Stuben- und Volierenvögel.

Das Leben der Beos im Freiland

Der Große Beo, der Mittelbeo und der Kleine Beo unterscheiden sich in ihrer Lebensweise kaum, so daß wir sie hier nicht einzeln zu besprechen brauchen.

Das Verbreitungsgebiet der Beos erstreckt sich von Südostasien bis Südchina. Hier leben sie paarweise oder in Gruppen in lichten, parkartigen Landschaften, die mit einzelnen hohen Bäumen oder Baumgruppen durchsetzt sind. Besonders gerne sitzen die Beos auf abgestorbenen, an der Spitze eines Baumes herausragenden Ästen. Gegen Sonnenuntergang werden sie auffallend lebhaft und laut. Sie rufen und antworten einander, bis sie schließlich ihre Schlafplätze aufsuchen.

Laute und Rufe

Die Laute des Beos bestehen keineswegs nur aus melodischen und für unsere Ohren angenehmen Tönen. Im Gegenteil – und das werden Sie merken, sobald Sie einen Beo besitzen –, da gibt es pfeifende, schrillende, gurgelnde und kreischende Rufe, die sich in freier, weiter Landschaft noch ganz annehmbar ausmachen mögen, die einem aber im Zimmer die Nerven beanspruchen und als lästig empfunden werden können.

Beos sind gute und kräftige Flieger. Beim Flug wird der Kopf weit vorgestreckt, die Flügel verursachen beim Schlagen ein weithin hörbares Geräusch.

Beos verstehen lernen

Die Nahrung

Im Freiland besteht die Nahrung der Beos vor allem aus wilden Feigen und anderen Früchten. Daneben verzehren sie aber auch Insekten und kleine Wirbeltiere, kleine Echsen etwa, die mit dem kräftigen Schnabel gequetscht, getötet und anschließend im ganzen verschluckt werden.

Das Einfangen der Jungvögel

Die Brutzeit liegt in den Monaten April bis August. Das ist wichtig, zu wissen, denn von Mai bis Juli ist die Zeit, in der Sie am sichersten nestjung aufgezogene Beos auch im Handel erhalten können. Meist werden die Beos von den Einheimischen als Jungvögel den Nestern entnommen und handaufgezogen. Damit sind sie dann auch zahm. Eingefangene Altvögel dagegen bleiben häufig zeitlebens scheu und unzugänglich, und natürlich ist es dann auch mit dem Sprechen und Nachahmen nicht weit her.

Um an nestjunge Beos leichter herankommen zu können, und um das schwierige Aufbrechen natürlicher Baumhöhlen zu umgehen, werden in einem bestimmten Distrikt in Assam (Indien) künstliche Nistgelegenheiten für Beos in den Bäumen angebracht. Die etwa zwei Meter langen, flaschenförmigen Kunstnester mit einem Einschlupfloch nahe des verbreiterten Mittelteiles werden aus Bambusteilen und Stroh hergestellt. Heutzutage werden die jungen Beos von den Einheimischen verkauft und vor allem in Kalkutta auf den Markt gebracht, von wo aus sie an Liebhaber in aller Welt weitergehen. Niströhren sind aber bereits in früheren Zeiten verwendet worden. Damals wurden die Jungvögel verschiedener höhlenbrütender Vogelarten allerdings verspeist.

Die Höhle des Beo

Beos gehen am liebsten in Baumhöhlen, die etwa zehn bis zwanzig Meter hoch liegen. Die Höhle wird mit Gras, Laub und Federn reichlich ausgepolstert. Meist werden nur zwei bis drei Eier gelegt, die eine schöne blaugrüne Farbe haben und mit braunen Flecken oder Punkten bedeckt sind. Die Jungen sind Nesthocker, die etwa vierzehn Tage lang von den Eltern im Nest mit Nahrung versorgt werden, bevor sie flügge werden und die Höhle verlassen können.

Der Beo – ein besonderer Vogel?

Sind die Beos nun besondere Vögel? Keineswegs, obgleich sie so gut sprechen, pfeifen, husten und alles mögliche nachmachen können! Sie sind wirklich Meister im Nachahmen, aber andere Vögel können das auch – immerhin, Beos können es am besten. Aber in ihrem sonstigen Verhalten sind es ganz normale Vögel. Und wie für jeden normalen Vogel ist auch für den Beo der Mensch zunächst einmal ein böser, großer Feind, dem man möglichst nicht zu nahe kommt, von dem man nicht angefaßt werden mag, sondern Abstand hält. Daß dies für die meisten Beos, die im Handel zu haben sind, nicht zutrifft, liegt an zweierlei: Zum ersten wurden diese Beos ja meist als Jungvögel dem Nest entnommen und mit der Hand vom Menschen aufgezogen; zum zweiten sind Beos gesellige Vögel. Beides zusammen bewirkt, daß sie sich ihrem Pfleger mit der Zeit wie einem Artgenossen gegenüber verhalten und sich ihm anschließen. *Sie* wissen zwar, daß der Beo ein Vogel ist, aber der Beo weiß nicht, daß Sie ein Mensch sind. Er hält Sie für einen arteigenen Vogelpartner.

Beos verstehen lernen

Der Mensch als »Vogelpartner«

Bei geselligen Vögeln kommt es oft zwischen zwei Partnern zu gegenseitiger Haut- und Gefiederpflege. Das bedeutet, daß sie sich gegenseitig mit dem Schnabel an solchen Körperstellen kraulen, die sie selbst mit dem eigenen Schnabel nur schlecht erreichen können. An Hals und Kopf etwa.

Kein Vogel mag es, wenn man durch grobe Berührung – womöglich noch gegen den Strich – sein Gefieder durcheinanderbringt.

Ein zahmer Vogel läßt sich also unter Umständen von einem Menschen mit dem Fingernagel zart kraulen. Das mag er gerne. Was er nicht mag, ist, wenn Sie ihm mit allen fünf Fingern und womöglich gegen den Strich ins Gefieder fahren. Das können Sie mit einem Hund, einer Katze oder einem anderen behaarten Tier machen, aber nicht mit einem Vogel. Federn sind so fein und kompliziert gebaute Gebilde, daß sie bei grober mechanischer Beanspruchung bre-

chen, aufspleißen und durcheinander geraten. Für den Vogel aber sind die Federn lebensnotwendig, und er mag es absolut nicht, wenn man sie ihm durcheinanderbringt. Er hat hinterher Stunden damit zu tun, alles wieder einigermaßen zu glätten und zu ordnen.

Und noch etwas: für jeden normalen Vogel bedeutet Gepacktwerden und Gegriffenwerden unter natürlichen Bedingungen den Tod. Greifen Sie also auch einen zahmen Beo mit der ganzen Hand nur, wenn es unbedingt sein muß, beispielsweise wenn er verletzt ist und Sie helfen müssen (→Seite 60).

Vogelpartner, die einander mögen und kraulen wollen, sitzen nebeneinander, beide mit den Köpfen in dieselbe Richtung, Schulter an Schulter sozusagen. Nun ist ein Beo recht klein und Sie als Mensch sind arg groß. Ihr Kopf und Ihre Hände haben für den Beo besondere Bedeutung. Ihren Kopf erkennt er als Kopf vor allem an den Augen. Ihre Hände reichen Futter und Wasser, kraulen ihn, aber ängstigen ihn auch (irgendwann hat ihn bestimmt schon einmal jemand gegriffen). Er wird also möglichst versuchen, einerseits Ihren Händen nicht zu nahe zu kommen, andererseits eine Stelle zu finden, die es ihm erlaubt, Kopf an Kopf mit Ihnen zu sitzen. Und eine solche Stelle ist Ihre Schulter. Fast alle zahmen Vögel wählen die Schulter ihres Menschenpartners als Sitzplatz. Hier haben sie auch recht guten Halt. Schließlich bleibt nur der menschliche Kopf selbst, auf dem es sich aber bei glatten Haaren nur bedingt ruhig rasten läßt. Wenn Ihr Beo also zeigt, daß er Sie mag, indem er auf Ihren Schultern landet, freuen Sie sich darüber, und schütteln Sie ihn nicht ab. Sie werden bald einige Kleckse auf dem

Beos verstehen lernen

Kleid oder auf der Jacke haben, aber dem läßt sich abhelfen. Nähen Sie sich einen »Kleckerlatz« (→Zeichnung unten). Das ist eine praktische und einfache Hilfe gegen die Verschmutzung.

Die Schulter seines »Partners« ist für den Beo der beste Platz, um Blickkontakt aufzunehmen. Ihre Kleidung schützen Sie vor Verschmutzung durch einen »Kleckerlatz« – ein Tuch reicht schon.

Der Beo will aber nicht nur auf Ihrer Schulter sitzen, er möchte Sie auch kraulen. Das kann er mit seiner Schnabelspitze ganz sanft tun, am Haaransatz, in den Haaren, in Ihren Ohren. Ihre Augen sollten Sie ihm nicht dafür anbieten. Allzu leicht kann es durch ein Mißverständnis seitens des Vogels oder durch eine fahrige Bewegung Ihrerseits zu Verletzungen kommen. Es kann auch vorkommen, daß der Beo einmal fester hinlangt und Sie gehörig ins Ohrläppchen zwickt. Bei seinem kräftigen Schnabel merken Sie das schon. Aber verjagen Sie ihn dann nicht grob oder schlagen ihn gar mit der Hand von der Schulter! Wenden Sie den Kopf ab, halten Sie Ihre Hand zwischen Ihren Kopf und den Vogel, und schimpfen Sie ruhig, aber bedenken Sie immer: der Beo meint es

natürlich nicht böse. Sie sollten sich wirklich freuen, daß er keinerlei Scheu vor Ihnen hat.

Ich erwähnte schon, daß sich Vögel hauptsächlich optisch orientieren. Sie kennen ihre Umgebung genau und registrieren alles Neue darin mit Unbehagen, denn in der Natur kann alles Unbekannte einen lauernden Feind bedeuten. Deswegen geraten viele Vögel, und gerade Beos, bei plötzlicher Konfrontation mit Unbekanntem in Panikstimmung. Mein sonst völlig zutraulicher Beo Peter geriet stets völlig aus dem Häuschen, wenn jemand mit grellbunter Kleidung in sein Zimmer kam, selbst dann, wenn ihm die Person an sich bekannt war. Wenn Sie also merken, daß Ihr Beo durch irgend etwas beunruhigt wird und in seinem Käfig herumtobt, dann lassen Sie dieses »Etwas« schnellstens verschwinden. Nicht nur, daß sich der Beo in Panikstimmung Verletzungen zuziehen könnte; den Vogel kann vor lauter Angst sogar der Herzschlag treffen. Möglicherweise bevorzugt Ihr Beo weibliche Personen vor männlichen oder umgekehrt. Ich selbst habe das bei meinen Beos noch nicht bemerkt (bei Papageien kenne ich es, bei ihnen ist es sogar recht häufig so), aber es kann vorkommen. Das bedeutet dann nicht, daß der Vogel, wenn er weibliche Wesen mehr schätzt, selbst ein Männchen sein muß. Viel eher läßt sich eine solche Bevorzugung darauf zurückführen, daß der Beo von einer Frau aufgezogen wurde. War die erste Bezugsperson ein Mann, liegt der Fall anders herum. Bei den Beos lassen sich die Geschlechter rein äußerlich nicht unterscheiden (→Seite 41). Da das Geschlecht auf die Nachahmefreudigkeit keinen Einfluß hat, ist es gleichgültig, ob Ihr Beo ein Männchen oder ein Weibchen ist.

Beos verstehen lernen

Verschiedene Verhaltensweisen der Beos

Gähnen
Der Beo reißt für ein bis zwei Sekunden seinen Schnabel weit auf. Das tut er meist vor oder nach einer Ruhepause.

Sich strecken
Streckbewegungen gehören zum Komfortverhalten. Gestreckt werden die Flügel, entweder beide gleichzeitig und abgewinkelt nach oben, oder einzeln seitlich ausgestreckt, meist zusammen mit dem Bein derselben Seite. Dabei werden Kopf und Hals weit nach vorne gedehnt.

Sich kratzen
Auch Kratzen gehört zum Komfortverhalten. Mit einem Hinterbein, das zwischen Körper und Flügel durchgeführt wird, kratzt sich der Beo seinen Hals und Kopf.

Niesen
Gelegentlich niest der Beo. Das braucht kein Zeichen für eine Erkältung zu sein. Es dient dazu, die Nasenlöcher zu reinigen. Niest er allerdings ständig und hustet außerdem, dann ist er krank (→Seite 56).

Sich putzen
Nicht nur nach dem Baden putzt sich ein Beo. Die Gefiederpflege gehört zum ausgiebigen Tagesritual eines jeden Vogels. Vor allem mit dem Schnabel werden alle Körperpartien, soweit sie erreichbar sind, auf Unordnung im Federkleid untersucht. Dies läuft in der Regel nach angeborenen Verhaltensmustern ab. Auch die großen Schwungfedern der Flügel und des Schwanzes werden der Reihe nach durch den Schnabel gezogen und geglättet. Während des Putzens entnimmt der Vogel einer Drüse am Unterrücken kurz vor dem Schwanzansatz, der sogenannten Bürzeldrüse, Fett und verteilt es mit dem Schnabel auf den Federn. Dadurch bleiben sie geschmeidig und wasserabweisend.

Ruhen, Schlafen
Beim Ruhen und Schlafen stecken die Beos nicht ihren Kopf ins Rückengefieder wie viele andere Arten, sondern sie halten ihn mit dem Schnabel nach vorne gerichtet eingezogen zwischen den Schultern. Dabei werden die Augen geschlossen. Auch tagsüber schlafen Beos manchmal für einige Minuten.

Beos schlafen – im Gegensatz zu vielen anderen Vögeln – mit zwischen die Schultern eingezogenem Kopf; ihre Augen sind geschlossen. Bitte lassen Sie Ihren Beo, wenn Sie ihn in dieser Haltung sehen, in Ruhe sein Nickerchen machen.

Trinken
Wie die meisten Vögel, so können auch Beos beim Trinken das Wasser nicht aufsaugen. Sie tauchen vielmehr ihren Schnabel ein, öffnen ihn, heben dann den Kopf und lassen das Wasser in die Kehle laufen. Es ist wichtig, daß der Trinkwassernapf eine gewisse Tiefe besitzt, sonst können sie den Schnabel nicht füllen.

Sachregister

Kursiv gesetzte Seitenzahlen verweisen auf Farbbilder.

Sachregister